女子高生社長、経営を学ぶ

椎木里佳
椎木隆太

ダイヤモンド社

女子高生社長、経営を学ぶ

椎木里佳
椎木隆太

ダイヤモンド社

こんにちは。椎木里佳です。

18歳の高校3年生です。

私は中学3年のときに株式会社AMFを創業し、

それ以来、学校に通いながら、

経営者として日々奮闘

しています。

そして、父も上場企業の社長です。

経営者としての大先輩です。

(もちろん、父を超えてやろうと思っていますが!)

父は私を車で学校まで送ってくれるときに
仕事や経営についての話をしてくれます。
ときには、もっと大きな
「人生とは」みたいな話にもなります。
それは、私にとっての貴重な
「経営教室」です。

まあ、たまには「ウザいなあ」と思うこともあるのですが（笑）、
さすがは起業家の大先輩！
とても役立っていますし、壁にぶつかったときに
「ああ、パパが言いたかったのはこういうことか！」
と思うこともあります。
この本は、**車の中での「ミニ経営教室」を再現**しつつ、
これまで人には語ってない「突っ込んだ話」も盛り込みました。

これから起業しようかなと思っている若い人には、
きっと役に立てるような内容だと思いますし、
悩みや漠然とした不安のある人にとっても、
行動を起こすきっかけになればいいなと思っています。
では、
女子高生社長、経営を学ぶ。
はじまります！

先生・隆太パパ

生徒・里佳

里佳のこれまで

0歳　東京都千代田区に生まれる。

6歳　「泣き虫」キャラが確立。

8歳　テレビでホリエモンを見て社長に憧れる。

12歳　中学校入学を機にキャラを変えようとダンス部に入る。
「起業」という言葉を聞き衝撃を受け、起業家を目指すようになる。

14歳　学校帰りに制服で法務局に行くも子ども扱いされる。

15歳　株式会社AMF設立。「JCJK総研」の編集長に。

17歳　日本経済新聞の1面で紹介されたりNHK「あさイチ」に出演するなど注目を浴びはじめる。
「JCJK調査隊」を発足。

18歳　日本テレビ系「人生が変わる1分間の深イイ話」、TBS系「サンデージャポン」など多数メディアに出演。
真の「起業家」になるべく、アプリ事業を始める。

隆太パパのこれまで

0歳　静岡県磐田市に生まれる。
19歳　慶応義塾大学に入学。
24歳　世界で活躍できることを期待して、ソニーに入社。
25歳　シンガポールにて海外駐在員生活を開始。
アジア向けマーケティング担当に。
ベトナム向けに作ったCMが大ヒット。自信を深める。
27歳　ソニーベトナムの初代ハノイ支社長に。
売上ゼロから2年で数十億円に。
30歳　帰国。エンターテイメント部門に異動。
ハリウッドと日本の架け橋を担う。
このころ里佳が生まれる。
34歳　ソニー退社。有限会社パサニアを設立。
35歳　海外マンガ雑誌出版の合弁会社を設立し、代表取締役に就任。
半年後、代表を解任され、暗黒の3年が始まる。
37歳　増資をし、有限会社パサニアを株式会社DLEに商号変更する。
38歳　フラッシュアニメの存在を知り、フロッグマンに会いに行く。
39歳　「鷹の爪」がテレビ朝日で深夜に放送される。
TOHOシネマズ六本木で伝説の徹夜イベント開催。
その後、全国のTOHOシネマズでマナームービー始まる。
42歳　リーマンショックの影響で赤字転落。債務超過寸前に。
47歳　株式会社DLEが東証マザーズに上場。
48歳　「東京ガールズコレクション」ブランド買収。
「株式会社東京ガールズコレクション」設立。
代表取締役に就任。

女子高生社長、経営を学ぶ　もくじ

001 はじめに
006 里佳と隆太パパのこれまで

1時間目 まず一歩を踏み出す勇気

行動力と経営マインドを学ぶ

016 やりたいことを全部できる。それが「起業」です
024 若いときの起業はどう転んでもプラス
032 わたし、スーパースターになりたい！

「人生の答え」はググっても出てこない 043
考えすぎないでまず動こう！ 051

2時間目 自分の強みを見つけよう

セルフブランディングとストーリーの大切さを学ぶ

里佳、起業の第一歩 068
自分の強みは自分では気づけない 072
恵まれた環境にいる人ほどリスクを取れ 083
インターネットの荒波を乗り切る技術 092

3時間目

パパ、自分の会社をクビになる

ビジネスに付きものの逆境とリスクを学ぶ

「経営」という手段で世界を動かしたい！ 100
パパ、起業する 110
下請けをしていては「起業家」とは言えない 120
挫折してはじめて独りよがりに気づく 127

4時間目

最強のビジネスモデルってなんだろう？

大資本に負けないビジネスモデルを学ぶ

マンガ家のビジネスモデルは最強？ 134
私、仕事がしたくてたまらない！ 143
同じビジネスモデルを大会社にやられたらどうなるか 148
密度の濃いところで熱狂を作れ 158

5時間目

これからの働き方を考えよう

ネット時代のチームマネジメントと人間関係を学ぶ

インターネット時代のチーム構築 174
これからの時代に最強の働き方 183
どうやって有力なパートナーを巻き込むか 195
スタートアップは人を選べない 201
ベンチャーは詐欺と裏切りの歴史 208

6時間目

上場するとどんないいことがあるの？

資本政策と株式公開を学ぶ

「鷹の爪」の大ヒット。上場への道　222
世界が変わっていく興奮　229
最初の起業でなにが足りなかったのか　237
株式公開をオススメする理由　249

〈付録〉
里佳の経営ノート　257

1時間目

まず一歩を踏み出す勇気

行動力と経営マインドを学ぶ

やりたいことを全部できる。それが「起業」です

学校帰りに制服で法務局に行ってみた

里佳 わたし、子どものころから「映画を撮りたい！」とか「芸能事務所を立ち上げたい！」とか「アプリを作りたい！」とか、やりたいことがいっぱいあったんだ。でも、それをひとつひとつやってたら、命がいくつあっても足りないじゃん？ それで中一のときにパパに相談したんだよね。そしたら「それが全部できるものがあるよ」と言われて。それが「起業」だったの。

パパ **経営者になって、仲間を集めて全力で取り組めば、映画も撮れるし、芸能事務所もできるし、アプリだって作れる**からね。

里佳 はじめて「起業」っていう言葉を聞いたときに、ドカーンって雷が落ちた感じがして。「これだ！」って、瞬間的に思った。
「どうすれば起業できるの？」ってパパに聞いたのに、「それは、自分で調べてみたら？」って言われて……。

パパ　だって答えを教えちゃったらおもしろくないでしょ？　そこが起業する準備期間の醍醐《だいご》味《み》なんだから。**ネットで調べたり、本を読んだりしながら、ニヤニヤ、ワクワク、ドキドキするのが楽しい**んだよ。

里佳　それで「起業　やり方」でググってみたら、「**定款**《ていかん》がなんちゃら」とか「法務局がどうちゃら」って書いてあって、「これはヤバイ！　ムリだ！」と思って、一回ストップしたんだよね。それが中一のとき。そんとき、5つも部活やってたから忙しくって、ちょっと忘れかけてたんだよね。

パパ　でも完全に忘れたわけじゃなかったよね？

里佳　中一で起業の話をしてから、パパってずっと「まだ起業しないの？」ってしつこいくらい聞いてきたよね。で、実行してない自分がくやしかった。
ある日、よくわからないけど、とりあえず「法務局に行ってみるか」と思って、**学校帰りに制服で法務局へ行った**わけ。
で、「会社の登記、どこでできますか？」って聞いたら「お父様とかのですか？」って言われて。「えー、違います。私のです！」って。

パパ　そりゃ制服の女の子が来たら、そう思うのも無理ないよ。

里佳　「ちょっと待っててください」とか言われて、後ろからいろんな人が出てきた。「いま何歳？」って聞かれたから、「もうちょっとで15です」と。「**15歳になったら会社つくれる**から、じゃあ、説明しますね」みたいな感じで説明されたんだよね。まあ、正直、その説明もワケわかんなくて。書類とかもいっぱいもらったんだけど、「こんなの書けないよ」って思って……。

パパ　行動に移したんだよね。偉いじゃん。

里佳　どんだけ面倒なんだよ、って思った。

男の子をたらしてて、フェイスブックに悪口書かれる

パパ　「まだ起業しないの？」って言ってたのは、別に、どうしても起業させたいからじゃなかったんだよ。ただ、里佳が「起業したい」って言ったのに、**行動してないことがダメ**だと思った。「難しいからやめた」って言うにしても、「難しい」ってところまで行ってない

じゃん、って。起業ってそんな簡単じゃないことはわかってた。でも、「難しい」ってなって、そこを突破できるかどうかを見たかったんだ。だから、起業について調べてるのはわかってたけど、そこから行動していない事実を指摘したんだよ。

里佳　パパは起業のとき、法務局行ったの？

パパ　僕は自分で法務局に行ってなにかやったわけじゃなくて、やっぱり**行政書士さんのところへ行って一から十まで全部やってもらった**からね。

里佳　はぁ？　なんで教えてくれなかったの？(怒)

パパ　里佳が本当に「起業したい」ってパワーを持ってるかどうかのテストにもなるじゃん。だから、手助けせずに「どこまでやるのかなあ」って見てた。まあ、でも、自分で法務局まで行って、いい経験したんじゃない？

里佳　まあね。

パパ　で、中三の冬に、起業熱が復活したんだったっけ？

里佳　というか、あるとき、ちょっと事件が起こって。わたし、中三のときに男の子をたらしていたんだよね。

パパ　ん？

里佳　男の子をたらしてたの。

パパ　いろんな人と付き合ってたってこと？

里佳　とっかえひっかえみたいな。

パパ　それはまた……。

里佳　そしたら、フェイスブック上で男子10人ぐらいから悪口をバーッて書かれて。「はぁぁ、こわーーっ」てなって。

パパ　……。

里佳　でも、やっぱり、やられっぱなしじゃ嫌でしょ？　どうにかして見返したい。どうしたらいいんだろうと思って、そこで12月25日クリスマスの朝に、パパに「わたし起業するから！」って言ったのがきっかけ。

パパ　そのときの里佳の言葉や表情が真剣だったから「これは本気だな」と思って、すぐその朝10時に行政書士さんのところに連れて行ったんだよね。
まさか、そのフェイスブック事件が最後のひと押しになってたとはね……。

「起業は人生の勉強だね」

里佳　パパってさ、やりたいって言ったのにやらないことに対して怒るよね。「自分で言ったんならやりなさい」って。

パパ　基本的に、仕事も全部そうだけど、「人が考えつかないようなことを考えつく」って、すごく、大事でしょ？　でも、**「考えついても実行しない人」ってすごく多い**の。実行しなければまったく大したことないんだよ。

里佳　動かない人が多い？

パパ　そうだね。考えつくよりも実行する方が大変で。実行してからやりきるというのも、これまた大変。やりきって、さらに結果を出すのは、さらに大変。
だから、せめて「実行ぐらいしろよ」って、これ社員にもよく言うんだけど。実行すらしないのにどうやって成功するの？
考え抜く。そして、実行する。それは、今後生きていく上でも大切にしてもらいたいなあって思うわけ。
で、もちろん実行したらそれでOKかというと、そう世間も甘くなくて。結果が出てこそ、やっと次の大きなチャンスがもらえる。「結果が出ないと次はないかもしれない」っていう厳しい現実があるのも、感じて欲しいなーと思ってる。とにもかくにも、成功したり、失敗したりしながら、チャレンジを繰り返す。これが大事なんだよ。

里佳　あきらめないで、なんども挑戦するんだね。

パパ　魅力的な人、強い人って、立派な「年輪」があるんだ。木の「年輪」って、暑い日があって寒い日があるからできるでしょ？　だから**あえて苦労をしたり、失敗したりという経験がすごく強い人を作る。**起業というのは、そういう意味でもいい経験になると思う。これから人生で、いろんな苦労があったり、ストレスがあったり、突破できない壁が現れたりする。「どうしたらいいの？」っていう場面に遭遇する。だから起業を通じて成長することで、できなかったことができるようになるのは、すごくいい経験になるんじゃないかな。

里佳　**起業は「人生の勉強」**だね。

パパ　ほんと。学校では学べない、すごく大切なことを学べると思うよ。

↓「会社のつくり方」は付録の01〜07を参照

里佳のまなび 01

起業を通じて
苦労や失敗も経験して
「年輪」のある
強い人間になろう。

若いときの起業はどう転んでもプラス

「ベンチャーと大企業」「ハードとソフト」どっちも経験するといい

パパ　もう一回、人生やり直せるなら、絶対、学生起業するけどね。リスクがめちゃくちゃ少ないじゃん。

里佳　たしかにね。家もあるし、食事も出てくるし。

パパ　学生が失敗するなんてあたりまえだし。中学生で起業したら、当然目立つし。だからいいことづくし。

今は大学生で起業する人も多くなったけど、高校生とか中学生とかでもぜんぜんいいと思う。やり直しのきくタイミング、失敗してもなんともないタイミングでね。

里佳　パパが起業したのっていつ？

パパ　34歳。大企業に10年勤めて、しかも子どもがふたりいるときだからね。これ、失敗したら、すごいリスクだよ。

里佳　そう考えると、**若いうちに起業してみて、失敗したり、向いてないと思ったら普通に就職するっていうのはリスクがない。**むしろ、すべての人におすすめ。だって、起業した上でサラリーマンになったら、その経験って絶対生きてくるからね。

パパ　そうなんだ。

里佳　リスクのないときに、数十万だけ借金して、起業してみる。そこで「どういう難しさがあるのか」とか「起業で成功する人ってどれだけ運や実力があるか」を思い知ってもいい。うまくいったら、そのまま続ければいいし。

パパ　どっちにしてもプラスだね。

里佳　そうそう。どう転んでもいいんだから。

パパ　じゃあ、いきなり大企業に入るのは反対？

里佳　うーん、そうは言ってないけど……。

パパ　パパだって大企業に10年勤めたしね。ようは、両方知っておくといいってこと。
僕は日本でビジネス経験があって、海外で5年間の駐在経験がある。それに、ハードウエア、つまりテレビとかビデオとかを売っていた時期があって、ソフトウエア、つまりエンターテインメントでアニメーションとかのビジネスもやった。この両方の経験があって、それがすごくよかった。

里佳　「国内と国外」「大企業とベンチャー」「ハードとソフト」みたいな。その**両方を見るのって、これだけ変化の大きい時代にはすごく大切**だと思うよ。

パパ　いろいろ経験した方がいいんだね。

里佳　そうそう。里佳にだけじゃなくて、いろんな人に「将来どうしたらいいか？」って聞かれたときに、両方経験したらすごくおもしろいと思う、って言ってる。大企業とベンチャー、それぞれよさがあって。でも、最初に経験するのは、僕はベンチャーのほうがいいんじゃないかなと思うよ。

パパ　大きい会社で勉強してから、っていうのは？

里佳　ベンチャーって本当に人が足りないんだよ。だから、社員みんなが、一人で3人分くらいの大活躍をしないと会社が回らない。ものすごく忙しい。その中で**毎日千本ノック受けて、追い込まれたりしながらものすごく鍛えられる。**「企画から完成」「プランから実行」まで、自分でやらなきゃいけない範囲がすごく広い。

パパ　大企業って、企画から後始末までやるって、なかなかない。ある程度、出世しない限りはね。「企画だけね」とか、「後始末だけね」とか。だから、まずは全部を俯瞰《ふかん》して見られる経験をしたほうがいいんじゃないかな。

里佳　先に全部経験できるほうがいいんだ。

パパ　血尿が出るぐらいのハードな経験って若いころにしかできないし。いろいろ経験する中で、**脳の筋肉とか、胆力とか、マルチな才能とか、土壇場に出るパワー**が蓄えられるのね。そういう人は、大企業の人たちからすると「この人は、なんでもできるスーパーマンだ」って思われるんだよ。里佳はこうやってベンチャーやってるけど、本当にそういう経験って、いろんなところに生きてくると思うよ。

里佳　がんばりまーす！

「仕事に明け暮れるパパを見てて、楽しそうだなって思ったんだ」

パパ　まあ、それにしても、はじめての起業にしては、怖がらずによくやってると思うよ。

里佳　パパを見てきたからね。

パパが起業したのって、私が3歳くらいのときだったよね？ わたしが物心ついたときから、ずっとひとりで家の物置で仕事してるのを見てたから、それがすごくナチュラルなことに思えて。大きな会社のサラリーマンだったら、夜7時とか8時とかに帰ってきて、家でゴロゴロしてテレビを見てる、みたいな感じなんだろうけど、そういうことがいままでいっさいなかった。ずっと不規則で、朝に帰ってきたりとか、そんなことばっかりだったからね。でも、家で「疲れた」とかまったく言わなかったでしょ？ 「すごく楽しそうだなー」って思って。だから、**起業に対して、すごくいいイメージ**を持ったんだよね。

パパ　楽しそうに見えてたんだね。

里佳　うん。実際、楽しかった？

パパ　そうだね。もちろん大変なことはいっぱいあったけどね。
でも、「ソニーでの出世を捨てて起業する」って決めたのは僕自身だから。好きなことを選択したのは自分。好きなことをやってるんだから、家ではしっかりしようと思ってた。たとえば朝の5時に帰ってきたとしても、ちゃんと7時には起きて、里佳を学校に送っていく。**家庭という土台があって好きなことをやっているんだから、家庭を優先しよう**とは思ってたね。

「ウンコで夢中にさせられるって いいことなんだな」

パパ　もちろん、起業は楽しいことばかりじゃないけど、やっぱり「燃える」ものだったからね。「燃える」ものをやってるときって、そんなに疲れも感じない。毎日も充実する。で、その充実があるから優しくもなれる。自分自身の自由も獲得できるし、一方で人に対しても自由を認められる。

里佳　パパ、「自分で決めなさい」ってよく言うもんね。

パパ　**自分が自由に働けると、他人の自由も認められるようになる**んだ。

里佳　あと、パパ、超くだらないものばっかり作ってたじゃん？　「鷹の爪」[*1]とか。それを小学生のときから見せられてて。学校にも持っていったの、DVDを。で、教室で流したりとかして。

パパ　そうだったね。

里佳　それで、「鷹の爪」の中で、「ウンコ」を連呼するシーンがあったのね。「ウンコ、ウンコ、ウンコ、ウンコ、ウンコ」とかって言ってて。小学生にとってウンコって「神」でしょ？　そしたら、学校中でみんな「ウンコ、ウンコ」言いはじめちゃって。あまりにもひどいから、先生が「鷹の爪禁止令」を出したの。「鷹の爪」はそれから一切流さないっていうふうになっちゃった。

パパ　それはうれしいのかなんなのかわかんないけど。

里佳　でもその状況もおもしろいなーって。「やっぱり楽しそうなことをパパはやってるんだな」って思ったよ。みんなを笑わせておもしろくさせるのって、いいことなんだなというのは、そういうところで思った。

パパ　**人を喜ばせるのは、ビジネスの原点**みたいなところだからね。

里佳　ウンコが原点（笑）。

パパ　「それだけ影響を与えた」ってことだからスゴいことだよ（笑）。

里佳のまなび 02

人を笑わせたり喜ばせることが、成功するビジネスの原点。

わたし、スーパースターになりたい！

子どものころからずっと現状に不満があった

パパ　里佳は学校生活だけで満足、って感じじゃないよね？

里佳　ちっちゃいころからずっと満たされないんだよね。

パパ　「私はもっとできる！」っていう？

里佳　そう。なにかもっとできるって、いつも思うんだよね。「なにかしよう、なにかしよう」って。だから「もう、これでいいや」っていうのは、まったく思わない。

パパ　そういえば、里佳が高校二年生のときだったかな。テレビでインタビューされたことあったよね？

里佳　うん。高一で新聞に取り上げられて、そこそこ目立ち始めたころだったかな。

パパ　そのインタビューで「里佳さんはここまですごく順調に来てますが、心境はどうですか?」って聞かれて、「なに言うのかな?」と思ってたら……覚えてる?

里佳　うん。**「私の予定では既にスーパースターになってるはずなのに、まだ自分はこんなところにいるのが納得できない」**って言ったんだよね。

パパ　てっきり「新聞に出たら反響が大きくてビックリしました」的なことを言うのかと思ったのに。

里佳　手帳に書いてたのね。「○月には新聞に出る」「○月にはテレビに出る」「○月にはみんなからチヤホヤされる」みたいに計画を書いてた。それで「11月にスーパースターになる」って書いてたの、そこには。

だけど、そのときはぜんぜんスーパースターになれてなかった。目標からはほど遠くて、ぜんぜんクソだったから「本当にまだまだです」って言ったんだよね。

パパ　それ見てビックリして。「そんな簡単にスーパースターなんかなれるわけないだろ」なんて思いながらも「野心のスケールがデカいな」って思った。

里佳　だから**常に現状に不満を持ってる**んだよね。一日の最後に「今日もっと、あれができたかな」とか。それは子どものときからそうで。たとえば「トイ・ストーリー、もう一本見れたな」とか（笑）。

パパ　ひとり反省会ね。

里佳　みたいなのを、けっこう毎日やってて。勝手に反省してるんだよね、いつも。

泣き虫小学生から、中学で「キャラ変」

パパ　昔は「アイドルになりたい」とか言ってたよね？

里佳　アイドルかわかんないけど、「注目されたい、目立ちたい」って思ってた。でも、小学校六年間ずっと同じクラスだったから、小一で付いたポジションってずっと同じなの。小一のときって私、めっちゃ泣き虫で、授業初日のときに朝、教室でパパから離れただけで、大泣き。先生、超困るみたいな。だから、ポジショニングは全然上じゃなく、むしろ下から数えたほうが早かった。

パパ　一番、背もちっちゃくてね。

里佳　そう、ちっちゃくて。だから、小学生のときは「前に出たいな」と思ってはいたけど、出られず。
中学に入るときに「これを変えるのは今しかない」と思って、「キャラ変」し始めて、

目立つ努力をだんだんしていったんだよね。

パパ　そうか、小学校のときは「こんなはずじゃない」みたいな気持ちだったんだ？

里佳　そういう気持ちが強かったね。全然モテなかったしね。小学生のときって、「あの子好き」みたいなのあるじゃん？　でも、ぜんぜんなかった。「好き」なんて、言われたこともないし。

一回告白したこともあったんだけど「は？」って言われて。それですごく落ち込んで、「中学になったらモテたい！」って。

パパ　モテたいと思ったんだ。

里佳　「絶対モテたい（裏声で）」と思って。

パパ　裏声になるぐらい（笑）。

里佳　それで、部活に5つ入ったのね。いっぱい入れば目立てるかなと思って。ダンス部とか。

パパ　おー、モテそうだね。

里佳　モテそうでしょ？　なので、ぜんぜんキャラじゃないダンス部とか入って、派手な人たちに揉まれながらやってた。

パパ　キャラ変したわけね、そこから。

里佳　キャラ変。小学校で6年間溜まっていたものが全部バーッと出た。

パパ　花開いたわけだ。

人生の可能性を最大化する「勘違い」のパワー

パパ　里佳は小さいとき、泣き虫だったのは確かだけど、気が弱いわけじゃなかったよね。小学生のときは授業初日に泣いたり、「お泊まりの会」で泣いたりしてたけど、別に毎日泣いていたわけでもなく、それなりに気が強いところはあった。どっちかというと生意気な子だったと思うよ。

里佳　そうかな？

パパ　うん。実は**「生意気でいさせる」というか「勘違いをさせる」って、我が家の子育てにおいてすごく重要なこと**だなと思ってるんだよね。

東京で暮らすって、かなり実力のある人でも「身の丈を知らされ、自信を失うリスク」がものすごくあると思う。

小さなころから常に受験とか面接とかがあるでしょ。すごい人数との戦いの中で「上には上がいる」現実を目の当たりにして、運動をやっても、勉強をやっても、常に自分の現在位置を知らされる。「身の丈」とか「分相応《ぶんそうおう》」とかって、嫌でもみんなわかっちゃう。

里佳　たしかに比べられるし、自然と比べちゃう環境だよね。

パパ　日本、特に東京って**抵抗しがたい「身の丈を知らされるシステム」**ができあがっていて、みんなが「俺はこの程度だよな」って若い頃から思っちゃうようになっていると思うんだ。

そういう中で、本当にとてつもない野心とか、「俺ならでっかいことだってできるんじゃねーの」みたいに思っていられる「勘違い」を持ち続けることって、かなり難しいなと思った。

里佳　まわりも「わたしってこの程度だろう」って思ってる子、多いよ。

パパ　小学校から大学までの私立一貫校に入って受験が免除されて、身の丈を知らされずにすむ里佳には、できるだけ勘違いさせたまま大きくなってくれたらいいなと思ってた。大きなことを考えて、自信を持って、「わたし、それやる！」って言い続けちゃうっていう。それこそ高二になって「まだスーパースターになっていない！　おかしいんじゃないの？」みたいに言えちゃうぐらいいの。

そのまま大人になっていったら、それが成功するしないはともかく、そういう役割の人って、日本では貴重品かな、って。そういう人材が日本にもっといて欲しいという思いも込めて、里佳にはそういうふうになってもらいたい。

里佳　日本って目立つと嫌われたり、怒られたりするよね。

パパ　そうだね。だから、里佳だけじゃなくて、里佳に影響を受けた人がどんどん「出る杭」になっていけばおもしろい国になると思う。いまは、出た杭を打つことを、すごく嬉々としてやるじゃない？
だから、少しでも「ああいうやつは重要だから、ちょっと打たずに見ておこうよ」っていう社会になるといいなあって。**出る杭に寛容になる社会になってほしいなー**と思ってるけどね。

里佳　目立つことすると、すぐ「炎上」だからね。

パパ　もちろん日本が大切にする「チームワーク」とか「足るを知る」とか「調和」とかは、世界に誇る素晴らしいところでもある。でも、そればっかりだと、「大人になる＝ちっちゃくなる・丸くなる」みたいな方向に行きがちで。
「とんがったままの大人」とか「うぬぼれたままの大人」とか「勘違いした大人」とか、そういう大人も素敵じゃん！　っていう世の中もおもしろいと思う。
「大人になって、まだそんなこと言ってるの？」なんてセリフもよく聞くけど、全員が全員おとなしくなくてもいいんじゃないかな。

「まわりは悟ってる子、ほんと多いよ」

パパ　里佳の世代は「さとり世代」とかって言われるけど、そういうふうに育てちゃったのは親のほうだったり、世間だったりもするのかもしれない。

里佳　ほんとみんな悟ってるよ。

パパ　まわりに多いの？　悟ってる子。

里佳　本当に多くて。

パパ　「こんなもんでしょう？」みたいな感じ？

里佳　「こんなもんでしょう」っていうか、「やりたいことないよね」みたいな。

パパ　里佳とは正反対だ。

里佳　ぜんぜん違う。だから、みんなに「なんで、やりたいことないの？」「いっぱい、そのへんに情報落ちてるじゃん」って言うんだけど。「別にそんなに刺さらないんだよね」みたいな感じで。

もしかしたら、**情報が多すぎちゃって、選べなくなってる**のかもしれない。だから「大企業に就職しなさい」とかって言われても、「でも今、大企業ってリストラとかされちゃうかもじゃん」みたいな感じで思ったりとか、情報が本当にいろんなところから入ってくるから、逆に選びにくくはなっているのかもしれない。

パパ　いろいろ情報がありつつも「自分がこれはやりたい！」とか「将来こういうことをしたい！」みたいなことを思う人は少ないんだ？

里佳　本当に少ない。どこかで杭を打たれてるんだと思う。

パパ　私も起業するときに、パパは応援してくれたけど、おじいちゃん、おばあちゃんからは反対されて。

里佳　「そんなこと、大人になってからでいいじゃない」って、すんごい言われて怒られてたよね。でもめげなかった。

パパ　私、中学生のころから自己洗脳をしてるのね。

里佳　自己洗脳？

パパ　鏡で自分を見ながら、「かわいいよ、かわいいよ」って言い続けるの。言霊《ことだま》パワーを自分に注入するのね。すると、だんだんそう思えてくる。全然そう思っていなくても、言い続けると「もしかしたら」みたいな感じが生まれてきて、そのあと確信に変わっていく。毎日言い続けると。

パパ　だから**「自分は最強！」「なんでもできる！」「本当にすごい可能性がある！」**って言い**続けると、本当に自分でそういう気がしてきて。**

里佳　そうやって反対意見を跳ね返したんだ。

パパ　そう。だから、たぶん他の人は杭を打たれたあとに、すんなりその人の意見を聞いちゃっているんだよ。反発してない。

里佳　それはいいね。自己洗脳。パパもやってみようかな（笑）。

パパ　やってみて！「もっと儲かる、もっと儲かる」とか（笑）。

里佳　（笑）

里佳のまなび 03

「出る杭」であり続ける勇気を持とう。

「人生の答え」はググってても出てこない

「わたし、起業したとき、サンプルなんてなかったよ」

里佳 まわりの子は、みんないい子なんだよね。「誰に反対されようと自分の確固たる意思を貫《つらぬ》き通します！」みたいな子が少ないかも。「自分の意思だけでは勝手に決められない」って思ってるというか。

パパ ふ〜ん、みんな自分の意思で決められないんだね。でも、「モテたい！」みたいな湧き上がる欲求はあるんでしょ？ 「かわいくなりたい！」とか。

里佳 みんなそれは思ってる。だから、雑誌とかネット見て変わっていく子もいる。でも、外見のことって、あんがい変えやすいでしょ？ 雑誌にはハウツーが載ってるし。

パパ　「こうやったら垢抜《あか》ける」みたいな。だけど、内面のことって調べても載ってないじゃん。載ってても、意識改革って、なんだか難しいから。
答えのあるものに関しては、情報を引っ張ってくる力は、きっとあるんだろうね。だけど、答えのないところを、それこそ起業もそうだけど、目指して突き進んでいくみたいな力はあんまりないのかもね。

里佳　「親とかに聞いてもわからないだろう」みたいな。

パパ　そうか。**「暗闇の中を自分の懐中電灯で照らして進む力」が弱くなっている**かもしれないね。なにか「やりたい」って思っても、情報を先取りしてしまって、「ああ、こうなんだ、ああなんだ」って、勝手に判断しちゃう。
他人の懐中電灯を使って「それならできそう」とか「できそうもない」とかっていう判断を、すごく早い段階でやっちゃってるんじゃないかな。

里佳　なんでもいまはググっちゃうからね。

パパ　ネットには書いていないような、サンプル数が少ないことに関しては手をつけない。

里佳　私なんて中学生で起業したとき、サンプルなんてなかったよ。どうやっても調べようがないから、歩くしかない。**サンプルがなかったから、ネガティブ情報が入ってこなくて、逆に自信を持って前に進めた**のかもしれない。

パパ　他人の例があったとしても、先人のやったことが正しいかどうかもわかんない。どの例が自分に合っているかもわからないしね。

里佳　親としては、「自力で歩む人生」を選んでほしいなと思うけどね。

すぐ検索しちゃうのは問題もあるけど、いろんな可能性を広げるのも確かだと思う。スマホとかのツールもあるし、**人のできることの可能性ってすごく大きくなった**と思う。「なにかやろう」と思ったら、すぐネットで調べることもできるし、「なにか発信しよう」と思ったら、ツイッターもある。昔のガラケーの時代よりも、全然やれることってたくさんあるんだから。

「起業の本」読んでも意味がない!?

パパ　どうなるんだろうね、人間って。

里佳　どうしたの、急に？

パパ　いや、これまでは、少なくともある程度、自分で思い悩んでから、人のアドバイスを聞きに行ってたでしょ？　「わからないなー」とか「私どうしたらいいんだろう」って、一日二日悩んで。で、そのあとに「こんなに悩んでいるのなら、あの人に勇気を出して聞いてみよう」みたいな。

ようするに、悩みがエンジンになってたんじゃないか、って。エネルギーというか。でも、そんなプロセスもなく、今は悩んだり、イマジネーションを膨らます前に調べちゃう。これがクセになっていくと、人ってどうなっていくのかな、ってね。「あれこれ考えるより、ググったほうがいい」みたいになっちゃうのかな。

里佳 もうすでにそうなってるじゃん。

パパ まあ、なってるよね。それが、ずっとこの先も思い悩んだり妄想しない人間って、どうなっていくのかな？

里佳 でも**ほんとはどこにも答えなんて書いてないし。誰も答えを教えられない**んだけどね。私もやってみてわかったことばかりだもん。

だって、「起業の本」とか、よくあるじゃん？　それ、起業してない人が、書いていたりするでしょ？　ただ理論とかロジックで語ってるだけで。

パパ おー、言うねえ。

里佳 それとか、ビジネスについてのよくわからない難しいサイトとか見て、「は〜、だよねー」みたいな感じで、真に受けちゃうのもダメじゃないかな。そこには「プランはできるだけ時間もかけてきっちりやったほうがいい」とか書いてあんのね。私はそれって人によるだろうし、考えるより行動してみてわかるものだと思う。いまの時代、ぜんぶ変わっちゃうじゃない？　たった半年とかで。

パパ　ようするに、**「人それぞれ、状況も特性も時代も違うんだから、やるしかないいんじゃゃん！」**ってことなんだよね。

だから僕が起業のこと書いたら一行で終わっちゃうかもしれない。本にならない。「まずやってみて、そこで学ぶんじゃね？」以上。みたいな。

里佳　短っ。売れないね、その本（笑）。

「感謝、謙虚、全力」を忘れるな

里佳　わたし、ツイッターで「どうやって起業するんですか？」とかってよく聞かれるのね。

パパ　「こういうことで悩んでいて、どうしたらいいですか？」とかじゃなくて？

里佳　そう。「どうやって起業するんですか？」って。

パパ　漠然としてるなあ。

里佳　ね。だから**「普通に行政書士さんにお願いして、40万円ぐらい準備すればなんとかなるよ」**みたいな感じで返すと、「ああ」みたいな。

パパ　それでその人は起業したのかな？

里佳　うーん、多分してないだろうな……。

パパ　里佳の会社にもいろんな質問メール来るよね。「こんな質問を会社のインフォ宛てにしてくるか？」っていうのが多いんでしょ？　「起業するのに注意することってありますか？」とか。

里佳　これ、超多い！

パパ　スタートアップの頃は何かと忙しいからね。その人の時間を奪いたいなら、それなりの礼儀があってもいいんじゃないかとは思うよね。

里佳　それはでも、「現代人病」だと思ってるんだ。

パパ　ほほ～。

里佳　ツイッターのリプみたいな感じで、一切会ったことのない人が、ため口でメール送ってきたりするの。そういうのが普通だと思ってるのかな。会社のお問い合わせにもそういうノリで送っていいみたいな感じに。

パパ　ビジネスをやる上ではそのあたりの礼儀って大切だよね。里佳はちゃんとできてる？

里佳　私なりにちゃんとしてるつもりだけど。

パパ、基本的に自由にさせてくれるけど、礼儀とか、規律とか、親に対する言葉とか、

パパ　時間とか、ベースの部分はけっこう厳しく言ってくるよね。
パパ　まあ、そういう根幹の部分さえ伝えておけば、あとは里佳の自己責任だからね。その一番の根幹が……。
里佳　**「感謝、謙虚、全力！」**でしょ？
パパ　そう。「感謝」の気持ちがあれば、人を敬い、相手の時間を大切にし、出会いを大切にし、言葉づかいも自ずと変わってくるでしょ？
「謙虚」な気持ちがあったら、成長への努力を惜しまないでしょ？
人から何かお願いされたら、「全力」で取り組み、その姿勢と結果でみんなに「またぜひお願いしたい」と喜んでもらえるでしょ？
「感謝、謙虚、全力」はすべての根幹なんだよ。ちゃんとできてる？
里佳　イヤなこととかあると、たまーに忘れちゃうけど、社名に付けるぐらい大事にしてる言葉だから心配しなくても大丈夫よ！

里佳のまなび 04

答えはネットには書いてない。「感謝、謙虚、全力」を大切にしつつどんどん前に進もう！

考えすぎないでまず動こう！

「ビジネスモデル考え中」って書いたら炎上

パパ　ところで、「定款《ていかん》」って何のことかわかってる？

里佳　「やりたいことリスト」みたいなものでしょ？

パパ　ま、まあそうだね。事業内容とかね。

里佳　私の場合、**やりたいことリストをまず作った**んだよね。「映画会社をやる」「芸能事務所をやる」みたいな感じで。
そうやって超つたない言葉で書いたのを、行政書士さんがカッコいい言葉で書き直してくれたの。

パパ　「映像コンテンツの制作およびそれに付随するすべての業務」とかね。

里佳　そうそう。行政書士さんがうまく書いてくれて。だから正直、起業するまでは、まったく大変な部分がなかったんだよね。

パパ　**会社をつくるだけなら誰でもできる、**ってことだね。

里佳　うん。法務局でちょっとバカにされたくらい。

パパ　バカにはしてないと思うけどね（笑）。お子ちゃまが申請に来てビックリしただけでしょ（笑）。

そういえばその当時、僕が最初に里佳のビジネスモデルを聞いたとき、正直「まあ大したアイデアじゃないな」と思ったわけだよ、やっぱりビジネスの先輩からすると。

里佳　はあっ？（怒）

パパ　まあまあ、聞いて。でも、僕はそれでいいと思ってる。

というのも、今の時点ですごいビジネスモデルなんて、思いつくわけがないんだよ。

里佳　すごいのが思いつかなかったから、会社のサイトには「ビジネスモデル考え中」って書いといたんだよね。またこれも叩かれたけど。「起業してるのにビジネスモデル考え中って、社長失格！」とか「ワロタｗｗｗ」とか。ものすごい炎上して。

パパ　批判もあったけどね。でもビジネスモデルなんて、むしろずっと「考え中」とか「変遷《へんせん》中」でいいと思う。

里佳 無理に決めちゃわないほうがいい？

パパ いろんな考え方があるけど、**こういう時代は特に、時と状況によって自由自在に形を変えられるくらい柔軟なビジネスモデルがいい**と思う。DLEのビジネスモデルだって、いまでも「考え中」って書き直したいくらいだよ、里佳のを参考にして（笑）。

里佳 えー、パパはヤバくない？（笑）

パパ いや、それくらい柔軟なほうがいいってこと。

最初のアイデアは思いつきレベルでいい

パパ そういう意味で、特にいまみたいなどんどん時代が変化するときには、常に組織もビジネスモデルも「変遷」しなきゃいけない。だけど、世の多くの人は「ビジネスモデル」が決まったら「なるべく軸がぶれてはいけない！」「本物の起業家は初志貫徹でやり遂げるもの！」って思ってたりする。

里佳 成功するには、最初に人が思い付かないようなビジネスモデルがなきゃいけないってのは思いこみ？

パパ　思いこみだね。**最初のビジネスモデルは人並みの思い付き程度でいい。**天才ならともかく、自分が思いつく程度のものは他人も思い付くと考えた方がいいんだ。

里佳　ふ〜ん。

パパ　大事なのは、思い付き程度のビジネスモデルであっても、それに惚《ほ》れ込んだ上で、「感謝、謙虚、全力」で取り組むこと。

里佳　また出た！　「感謝、謙虚、全力」！

パパ　うん、すごく大事。それによって**新たな人との出会いや偶然の気付きとかを生んで、いろんな化学反応を起こしながら、どんどん組織やビジネスモデルを修正していく。**すると、自分や他人が思い付かないような時代に即したビジネスモデルになっている可能性が出てくると思うよ。

里佳　ふむ。

パパ　だから「こうしなきゃ」と最初のアイデアに縛られるんじゃなくて、自由に柔軟に考えたほうが絶対いい。

里佳　こだわりが邪魔になるときもあるってこと?

パパ　そう。あとは、いいアイデアに出会ったら、それとガッチャンコして、こういうふうに変えようとか、本当にフレキシブルにやったほうがいい。

運は人が連れてくる

里佳　どんどん変わっていったほうがいいんだね。

パパ　僕だって最初は、紆余曲折《うよきょくせつ》を経て映像コンテンツのコンサルをやって、日本とハリウッドの懸《か》け橋を作ろうと思ってた。「日本のすべてのエンターテインメントは僕が作った橋を通じて世界につながるのだ！」というのが、当時のビジネスコンセプトだったのね。それで、いろんな会社にコンサルしてたんだけど。

里佳　コンサルって、相談ってことだよね？

パパ　相談に乗ってビジネスの方向性を考える、みたいな感じかな。でも、コンサルってめっちゃ忙しいのね。5社ぐらい面倒見たら、24時間寝られない。なのに、大して儲からない状況になった。そこではじめて「なんじゃ、このビジネスモデルは！」ってなって。

里佳　あちゃー。

パパ　あちゃーって、「俺、バカだったのかな」なんて思いながら。
そのときは、上場の牽引役《けんいん》にもなった「フラッシュアニメのスタジオを社内に抱えて

IP[*2]（知的財産権）を機関銃のように生み出す」みたいなモデルは、1ミリも考えたことなかったからね。それに、起業したころは、まだフラッシュアニメも出始めくらいのときだったたし。それをいま、生業《なりわい》にしているわけだからね。

里佳　どうなるかわかんないもんだねえ。

パパ　それってやっぱり、本当にベストを尽くして、全力でやったから。全力でやることで、いろんな縁がつながって、いろんな運が回ってきて、フラッシュアニメに出会えた。

里佳　いろんな人に会うことが大切なの？

パパ　運は人が連れてきてくれるからね。

「すごいクリエイターと出会えるかもしれない」って場所に出向いたり、実際に会いにいって。「こういうことを一緒にやったらおもしろくないですか？」って口説いて、相手に惚《ほ》れてもらう。で、「一緒にやりましょう」ってなって……。

里佳　出会いが運命を変えるんだ！

パパ　ほんとそうで、**いろんな化学反応とか、突然の出会いとかによって、ビジネスモデルもどんどん変わっていく。**時代が求めているものへと変わっていく。

里佳　「時代が求めるもの」ってどうやって見つけるの？

パパ　それは、ひとりでうんうん考えても見つからないよね。「こういう人と出会った」「こういう情報が入ってきた」って感じで時代の流れがつかめることって、すごく多いんだよ。

最強のモデルは「ビジネスモデル考え中」

パパ　だから、里佳が「ビジネスモデル考え中」って言えるのは、本当に素晴らしいと思うよ。

里佳　そう？

パパ　むしろ言える勇気っていうのかな。だって、後ろ指さされるじゃない？「起業しておいて考え中って、そりゃねえだろ！」みたいな。そこを言えちゃうのはすごいし、一生考え中でもいいいんじゃないかとさえ思うよ。

里佳　**「考え中」っていうビジネスモデルだから！**

パパ　「里佳が昔見ていた景色」と「いまだから見える景色」ってぜんぜん違うはず。「いまだからつながれる人」もいるでしょ。起業したときから、どんどんパワーアップしてるわけだから。
里佳が「これやりたい！」って言ったときに集まってくれる人、いるでしょ？「じゃあ、うちのこの技術と一緒に、なにかできないですかね？」って言ってくれる人とか。そういう出会いとか新しい技術をどんどん取り入れていく。そのときには、自由な発想でいることが大切で、チームの組み方も過去に縛られないというのが大切だと思うんだ。これからが楽しみだね！

里佳 1年後2年後、どうなるかもわからないような時代だからね。

パパ そういう激変の時代においては「ビジネスモデル考え中」っていうのは、もしかしたら最強のビジネスモデルかもしれない。

里佳 「考え続ける」のがビジネスモデル。

パパ 流行《はや》り廃《すた》りも早いから、つねに考えて、つねに変わっていかないといけないよね。

里佳 正直そこまで深くは考えてなかったけどね（笑）。「考え中」って書いたときは、本当に思いつかなかったから（笑）。

パパ **「ビジネスモデルがないなら起業しちゃいけない」なんてルールはない**んだから。むしろ、固定しちゃうほうが危ない場合もあるしね。

里佳 じゃあ「起業しようかな？　どうしようかな？」って思っている人は、「ビジネスモデルが思いつかないから起業しない」じゃなくて、まずは船出してみるってことが大切なの？

パパ そうだね。

ただ「35歳までに上場したい！」とかのゴールイメージを持ったり、やりたいことの方向は決めとかないとね。ジャンルというのかな。たとえば「キャラクター業界でなにかをやりたい！」とか。

それが決まったら、とりあえず自分の頭でまず考えてみる。悩みに悩んでみる。ただ、そこから何ヵ月も考えてもしょうがないから、まず一歩出しましょう、と。

里佳　**一歩踏み出す勇気！**

パパ　その勇気さえあれば、あとは進んでいくだけだよね。実行すれば、失敗と成功がある。「あ、今の痛かった。次はこうしよう」っていうふうにPDCAサイクルを回していく。

里佳　PDCA、ね。

パパ　わりといまPで止まる人、多いんだ。だからパパは「Doしようよ」ってよく言うんだ。

里佳　Do！

パパ　実行ね。みんなには、その一歩を気軽にやって欲しいなというのが、僕の望みかな。お気軽っていっても実はそこが難しいんだけど。里佳のようにビジネスモデル考え中でも一歩を踏み出す人もいるんだから、それでいいんだよ、って。

アイデアを思いついたら口にする

里佳　あ！　新しいビジネス思いついたんだけど！

パパ　おお！　なに？

里佳　「タイムカプセル・プレゼントボックス」みたいなのがあるといいなって思ったの。誕生日とかに、たとえば自分が97年の11月21日生まれだったら、そのときに流行っていたものとか、お菓子が入っているボックスみたいなのを作るとか。

パパ　いいね。そうやって、常にビジネスモデルを考えておくことは重要だよ。

里佳　めっちゃ探してるよ。

パパ　発想するクセって、すごく大切。発想力は「筋肉」だから。鍛えておかないと衰えていっちゃう。
常に考えて、思い立ったらこうやってすぐ人に伝えるのがいい。「ちょっと思いついたけど、まだまだなんでいまは言えないんですけど……」って言うんじゃなくてね。**伝えることによって「矛盾があったな」とか「思ったより反応悪いな」とかが見えてくる**でしょ？　これにより、本当にちっちゃいPDCAサイクルが回るんだよね。
しかも、相談相手の何気ない言葉からヒントをもらえたり、成功するために必要な人を紹介してもらえる可能性もあるから、いいことづくし。

里佳　私はバンバン言っちゃう方だな、思いついたら。やってみたりもするし。

パパ　実行しないとPDCAサイクルって回せない。里佳が思いついたことを言って、ちょっとほめられたとか、ちょっと反応悪かったみたいなことで軌道修正できる。相手から反応がなければPDCAを回しようがないもんね。

小さなPDCAサイクルを高速で回す

里佳　パパもそんなことを意識してるの？

パパ　そうだね。パパの会社がやっていることって、まさにそれなの。**低予算でフラッシュアニメを制作して、まずはウェブとか小さなメディアで反応を見る。**で、反応が良ければ、どんどん売り込んでいく。ちっちゃな作品でもいいから、なにしろ世に出して、反応を見るわけ。

いまの時代って、みんな自分でメディアを持ってるでしょ？　YouTubeとかニコ動とか。そこで、すごく仰々しくやるんじゃなくて、カジュアルにアウトプットして反応を伺《うかが》えばいいんだよ。

里佳　いまってみんな、SNSとかで、めちゃくちゃPDCAサイクル回してるよね。インスタに「めっちゃこれ、『いいね！』付くな」って思って、上げた自撮りとかが、全然「いいね！」が付かなくて、「アレッ、なにがおかしいんだろう？」って考えるとか。「上げ

パパ　た時間がよくなかったかな」とか「ハッシュタグのセンスがよくなかったのかな」とか、そこで勝手に、たぶんみんな無意識にPDCAサイクルを回しているんだと思う。みんながメディアオーナーの時代だね。全員が、「視聴率をどう稼ぐか」とか、「どうやってバズらせるか」とかを考えるテレビ局員と同じになってる。どうやったら、「いいね！」が増えるだろう、みたいなのをみんなずっと考えているって、恐ろしい時代だよね。

里佳　SNSで出して反応が薄かったときの虚《むな》しさみたいなね。逆に意外なものがバーって広がったりね。

パパ　そうそう。**トライアル&エラーを試しやすい時代**だよね、きっと。だから、ビジネスモデルとかアイデアとかってどんどん言ったほうがいい。

里佳　超言うもん、わたし。

パパ　そこで「自分で考えつくことって大したことじゃないな」って思うんだよね。人との化学反応でしか新しくて付加価値がある良いものは生まれない。
「セレンディピティ」って、偶然から素晴らしい着想を得る才能って意味なんだけど、それってアンテナが高く立ってたり、思考が柔軟でなければできないし、いろんな人との出会いがなきゃできない。そして、自分の思いを語るとか、相手もそれに対して、「それなら俺は、こう考える」って言い合えることで、化学反応が起こるんだ。

里佳　ひとりじゃ絶対起こりえないことだよね。

パパ　いろいろな人に会って自分の考えを言うことで、化学反応がどんどん起こる。で、今まで考えも及ばなかったことが生まれたりする。

里佳　私、思いついたら手帳とかに全部書いてるんだ。で、アウトプットしてるなぁ。

パパ　うん。全部言って、反応を見て、「アレッ、違うのかな」って改善して。すごくおもしろい化学反応が出た先に未来があるから、その未来にかけるには「全部ゲロっちゃう」ほうがいい。

里佳　盗まれたとしても大したもんじゃないしね、ひとりで考えたものなんて。

パパ　うん、天才ならともかく、普通はそんなすごいことなんて思いつかないから、人間は。いまの時代、誰も考えていないようなことなんて、ほぼないと思ったほうがいい。だから**誰も考えたことがない、やったことのないことに辿り着きたいなら、逆に自分の考えを人にめっちゃ言うべき**だと思うんだ。

↓「アイデア」と「PDCA」については付録の12を参照

里佳のまなび 05

ビジネスモデルは
思いつきでもOK！
まずは行動して
小さなPDCAサイクルを
たくさん回そう。

＊1　「秘密結社鷹の爪」29ページ

世界征服をたくらむが、何をやっても失敗ばかりの鷹の爪団を描いた脱力系コメディ。２００６年、『ＴＨＥ ＦＲＯＧＭＡＮ ＳＨＯＷ』（テレビ朝日系）内で放送されるや大ブレイクした、フロッグマンの代表作。その後5回に渡り劇場映画化。２０１２年からはＮＨＫ・Ｅテレで放送され、現在4年目。また、テレビＣＭやラジオＣＭ、電車内メディア、屋外ビジョン、モバイル、ＷＥＢキャンペーンなどあらゆるメディアに登場。さまざまな企業キャラクターとのコラボレーションも成功させている。

＊2　ＩＰ（知的財産権）56ページ

Intellectual propertyの略で知的財産権の意味。モノなどの所有権とは異なり、情報やデザインなどの「知的な財産」に与えられる財産権のこと。

2時間目

自分の強みを見つけよう

セルフブランディングとストーリーの大切さを学ぶ

里佳、起業の第一歩

「私のほうがスゴイ」と思ってたら、一カ月で「40いいね」

パパ　里佳が会社をつくってからの話をしようか。まず、会社つくって何から始めたんだっけ？

里佳　起業したときは中学生だったから、中学のときバイト禁止だったのね。それで学校には言えなかった。だから、穏便にできるものがいいなと思って。
そのとき「トーキョー・オタク・モード」[*3]っていうフェイスブックページがあった。それがたしか300万いいね！くらい付いてたの。「これで300万いいね！付くんだったら、私がやればもっといくっしょ！」と思って。

パパ　「おじさんがやって300万なら、わたしならもっとすごいでしょ」って？

里佳　そうそう。で、中学生の「カワイイ」を集めた、中学生の日常を写真に撮って載せてたのね。お菓子のパッケージとかカワイイもの見つけたら載っけるみたいな。
パパ　で、どれくらいいいね！付いたの？
里佳　1ヵ月で40いいね！だね。
パパ　40万じゃなくて？
里佳　学校の仲いい友達だけがポチッとしてくれて「40いいね！」。こりゃ、無理だなと思って、すぐ閉じました。
パパ　それが最初のチャレンジね。
里佳　はい。即終了で。
パパ　いいじゃん。
里佳　よくないよ。
パパ　そうやって、ネットでちょっと試すのが大事でしょ。そこで、「ああ、こういうのがウケるのか！」とか「こういうのは意外にウケないんだ」とかを学ぶわけでしょ？
さっきも言ったけど、**これからのベンチャーは、低コストでチャレンジして、反応が良ければお金をつぎこみ、悪ければすぐに方向転換するべき**だよ。

里佳　で、即終了してからどうしたの？

パパ　「ダメだったな……はて？」って感じ。そっからはなんにも考えてなかったからヤバいなって。どうしようかなと思ってるうちに中学を卒業しちゃって、そのまま高校に入って。「そろそろなにかやらなきゃ」と思って、とりあえずツイッターとブログを始めたの。そしたら、バーッと炎上した。ただ自己紹介しただけなのに。そこで思いがけず、サイバーエージェントの方からお声をかけていただいて。「JCJK[*4]総研」の編集長をやってくれないかと。

パパ　女子中高生の市場調査をするやつだね。それが最初のお仕事だ。

里佳　そう、本当に最初のお仕事という感じで。でも、いま考えると、バイトしたほうが稼げるレベルのお給料で。本当に会社との取引っていうより、女子高生にバイト代払ってるという感じの。けっこうナメられてたな、っていう。

パパ　いただけるだけ感謝だよ。

里佳　「晋《すすむ》[*5]！」って感じで。「晋、この野郎！」って感じ（笑）。

パパ　こらこら、謙虚な心はどこいった？　ここ見られたらどうすんの？（汗）

里佳のまなび 06

これからのベンチャーは
低コストで挑戦！
うまくいけばGO。
ダメなら方向転換。

自分の強みは自分では気づけない

女子高生が強みだなんて思ってなかった

パパ　ところで、さっき炎上したって言ったけど、なんか発言したの？

里佳　いや、普通に「株式会社AMF代表取締役、高校一年生、15歳の椎木里佳です」みたいな感じで書いたら、2ちゃんで炎上して。

パパ　そのときはどうだったの？　注目されてうれしいみたいな？

里佳　ぜんぜんうれしくないよ。勝手に叩かれて。「なんで？　なんで？」って。

パパ　でも、結果的には叩かれたことで、サイバーエージェントの方の目に留まったわけでしょ？　なにが吉と出るかわからないね。

里佳 わからないね。そこでいろいろ学ばせてもらって。……お給料は少なかったけど。

パパ だから、その話やめなさいって。

里佳 でも、そのときまで、自分が中学生で起業したということに、そんなに強みというのを感じてなかったんだよね。「別にそんなすごいことじゃなくない？」って。

パパ でも、サイバーエージェントの方とかに「あなたは高校一年生だから、いろんな人が注目してるよ」みたいな感じで言われて。そこではじめて、「ああ、そうなんだ！」と思って。

里佳 まわりに価値を見つけてもらった？

パパ 自分の強みがわかった。じゃあ、これは利用するしかないな、と思って、自分から「女子高生起業家」というのを名乗り始めたという。

里佳 それまでは、自分の若さとか、高校生とか中学生とかのブランドを利用して、なにかをしようという発想はあまりなかったんだ？

パパ なかったね。

そうか、人の強みって自分では案外わかんないもんなんだよ。

里佳のこの一連の動きは、**「勇気を持って自分の起こした行動が予期せぬ展開を生み、それに驚きながらも、自らにプラスになると考えて化学反応していく」**という、まさにビジネスモデルを柔軟にしながら走っているスタイルだね。

里佳　晋のおかげ！

パパ　やめなさいって！

自分の強みはとことん活用する

パパ　里佳は、自分の強みを知って、「女子高生起業家」って名乗り出したわけだよね。自分では思ってもみないところに強みがあったという発見って、けっこう大きかった？

里佳　かなり大きかった！　「あなたは女子高生で、かわいくて、社長で、お父さんもすごくて、いろんな要素が詰まっているんだよ」みたいに言われたりして。じゃあ、それ全部使っていこう！って。

パパ　そこを**冷静に「強み」だととらえて、それを「利用しよう」と思える**のはいいところだと思うよ。

里佳　そう？

パパ　人によっては「自分の父親と関連付けられるのは嫌だ」とか思うだろうし。そういうことは全然思ってないわけでしょ？　素直だなとは思うよ。

里佳　それよりも「早く有名になって、男らをギャフンと言わせたい」という欲のほうが勝っていたから。

パパ　ギャフンと言わせたい欲は今もあるの？

里佳　今はない、全然。

それよりも今は、もっと社会的な貢献のほうがエネルギーになってるかな。

パパ　社会的な貢献というと？

里佳　最近、若い子たちから「椎木さんのことを見て、自分もまずは行動を起こそうと思いました」とか「いろんなことを頑張る勇気が出ました」とか「夢について考えています」とか、そういう話を聞くことが多くて。

私がこんな**ジコマンというか、テキトーに始めたことが、こんなにも多くの人の人生を変えるきっかけになっているのかもしれない**と思うと、もっといろんな人にそう思ってもらえるとうれしいし、もっと会社も大きくして頑張らなきゃなって。

パパ　同世代からの反応が多いの？

里佳　同世代、多いね。……あとはオッサン。

パパ　ちゃんと言葉を慎みなさい。オジさまね。

里佳　そう、オジさま方、めっちゃ多い。

パパ　ツイッターとかで絡んでくるの？

里佳　絡んでくるよ。タメ語で「里佳ちゃん、キュッ」みたいな（笑）。
パパ　え⁉　でも、実際オッサンかどうかわからないじゃない？　14歳かもしれないよ。
里佳　いや、オッサンなの。プロフィール「四一歳、競馬大好き」みたいな。オイオイオイみたいな。そういう人が多くて。おもしろいからいいんだけどね。
パパ　まあ、いろんな層から反応があります、ということで（笑）。

社長業はキャラクタービジネスと一緒

パパ　社長業って、ある意味キャラクタービジネスと一緒じゃないか、と思う部分があるんだよね。
キャラクターって、目立たないとダメじゃない？　社長だって、**優れた個性や特性を前面に出して、ビジネスのために目立ち、発信し続けることが大事**だと思う。差別化や発信力、継続力はキャラクタービジネスを成功させる基本中の基本だから。
「鷹の爪」もTOHOシネマズさんで、ああやって毎回毎回9年にも渡って露出してもらっているから知ってもらえたわけで。
社長も同じで「メディアにどう取り扱ってもらうか」とか「かわいがってもらえるか」

っていうのはすごく大切なこと。だから情報発信力とか、注目度とか、期待度っていうのも、本当に社長の超重要な、持っていなきゃいけないスペックだと思う。

里佳　パパの頭のウェーブが突出してるとかね。

パパ　そ、そうね（汗）。里佳は、この歳でやるから注目もされるし、期待もされるし、ビジネス的な差別化も図れるよね。さらに、里佳が発言することも「おもしろいね」「違うね」って言って注目してもらえる。

里佳　特徴としてね。

パパ　そう、里佳がもうちょっとタイミング遅く起業していたら、若さは特性にできなかったかも。今だから強調できるし、注目も浴びる。そういうものを利用して、社長としてのアイデンティティを確立する。**「ああ、そういうキャラね」っていうのが、わかりやすいときに社長をやったのは良かった**よね。

年齢であったり、容姿であったり、いろんなものが特徴になった。どの社長でも、やっぱり自分のキャラがどういうキャラで、どういう差別性があって、特徴があってっていうのを考えていかないといけないんじゃないかな。

里佳　キャラ、重要ね。

パパ　これまでは日本人って、そういう意味で「キャラが突出した社長」への免疫がなかったように思うな。少しずつ変わりつつあるところの代表格として、里佳は活躍できるといいね。

里佳　活躍する、というより君臨したいです。く・ん・り・ん！

パパ　どこまで強気なんだ……。まあ、君臨するように頑張りなさい。

若さは応援される無条件のストーリー

パパ　注目が集まったという点では、あなたは本当にラッキーだよね。本当に若いときに起業するって重要。

里佳がかわいくてたとえば30歳なのと、かわいくて15歳なのとでは、注目度が全然違うでしょ？　若くして自分の強みを理解して、そこで勝負を決断したことによる、今はご褒美《ほうび》タイム。

里佳　え、ご褒美タイムなの？

パパ　ただの女の子じゃなくて、高校生で起業したとか、大学生で起業しているとかって、応援団が多いと思う。注目だけじゃなくてね。

人から応援されるには「ストーリー」が大切なんだ。たとえば「経済産業省のエリートのポジションを捨ててまでやりたいことがあって起業した」とかね。

里佳　わたしの場合は、女子高生で起業したってことがストーリーなのね。

パパ　そうだね。

「鷹の爪」作者のフロッグマンは、夢破れて島根で引きこもっていて、起死回生で放った作品が大逆転打になって注目を浴びたのね。

里佳　それが「鷹の爪」。

パパ　そう。つまり、応援したくなるストーリーって、すごく大事。いかにセルフブランディングを意識して、「こういうストーリーがあるから僕は応援してもらえるのだ」というものを作れるかだと思う。

でね、若さってある意味無条件のストーリーだと思うんだよ。「17歳だけど頑張っています」って、それは「応援するよ」ってなる。だから、**若い人は、絶対チャレンジしたほうがいい**よ。

里佳　でも、けっこうやり方も大切だと思ってて。

若くて起業したりする子って、まわりにちらほら、5人ぐらいいる。その子たちって「頑張っているな」とは思うけれど、そこまで注目が集まらなかったりとかして、いろいろ困ってるわけ。それって応援したくなる要素がないってこともあるんじゃないかなと思って。

たとえば、プログラミングができるとか、すごい「天才っぽい理由」で起業する。そうすると、まわりの人は「別にわたしの助けなんて必要ないよね」とか、「自分のペース乱されたくないんだろうな」とか思われちゃうところがあるんじゃないかな。

パパ　キャラクター的な問題なのかもね。

里佳　わたしはただ「普通の女子高生感」をアピールしていたのが良かったのかなって。起業して、けっこう高校辞めちゃったりする子とかも多いんだけど、そういうのは本当にもったいないと思う。**高校へ行きながら学業と両立してみたいなストーリーとかもある**でしょ？　「普通っぽい」とか「近寄りやすい」とか、そういうのとかもプラスにしていかないとね。

パパ　戦略として正しいね。でも、まあいちおう15歳の天才プログラマーっていったら、やっぱり放っておかないと思うよ、周囲は。若さは有利だよ、明らかに。

里佳　パパ、それめっちゃ言うね。まあ、若いのは他の人よりは注目される理由になるよね、それは確実。

パパ　若くない人であれば、**「じゃあ、応援されるストーリーってなんだろう」**って、ちゃんと考えないと、大変さが倍増するよ。

里佳　最近は、学生起業家が、もて囃《はや》されてきてる。「意識高い系」っていう言葉が生まれたりとかして。だから、若くて起業する人も増えるかも。
でも、案外、「起業そのもの」に価値を見出しちゃっている若い人も多いんだ。もはやそこがゴールみたいな。意識高い系になって、学生起業家とか、社会起業家とかになり、そしてAO入試で慶應SFC入って、サイバーエージェントへ行く、そんなルートを目指している人も増えてる。別に悪いわけじゃないけど、でも、それだけじゃおもしろくないな、とは思う。

パパ　ゴールの設定の違いだと思うよ。
学生時代になにかやって「もしうまくいったらラッキー」っていう人もいるだろうし、里佳が言ったように、受験用とか就職用にやる人もいるだろうし。そういう人は、「会社ごっこ」になりやすいだろうね。
でも、それでいいんだよ。行動することがなにより大切なんだから。

↓「ブランディング」については付録の11を参照

里佳のまなび 07

「自分の強み」を見つけて、「応援されるストーリー」を探そう！

恵まれた環境にいる人ほどリスクを取れ

たくましくなるために
あえて海に飛び込む

里佳 わたし、最近さ、「恵まれた環境にいるな」って思ってる人ほど、リスクを取って行動を起こすべきだと思うんだよね。

パパ 恵まれた環境って？

里佳 東大に行ってたり、親が裕福だったりとか。けっこう人よりアドバンテージがあるなと思ってる人は、自分がなにかやりたいと思っていることがあったら、無茶してでも絶対行動起こすほうがいい。たとえば、起業したりね。

パパ なんで？ おもしろいね、それ。なんでそう思うの？ 人生逆転するためにリスクテイクしろみたいな発想じゃないわけね。

里佳　人よりリードしているからこそ、恵まれているからこそ、リスクを取れってこと。東大在学中に起業とかだったら、それだけで、結構ニュースバリューがあるでしょ？あと、たとえば東大の仲間とかと一緒にやれば、ブレーンがいくつもあるからすごくやりやすかったりとか。親が裕福だったら、初期の運転資金を出してくれるとか、人脈もつながりやすいとかさ。だから、やりやすさは、すっごいあると思うんだよ。コネもなく、学歴もなく、仲間もいないみたいな、そういう状態からスタートするよりかは、全然ラク。

そういう人たちが、**どんどん行動を起こして、世の中に刺激を与えて、なんにもない人たちを引っ張っていくような感じになればいいのに**、って思ってる。

パパ　お、目線が高くなってきたね。

里佳　そう？

若くて起業すると叩かれることもあるけど、そんな中でもできる子は、パッと光るものがある。だから、そうじゃない人を引っ張る役になっていく。

「人のため」っていうのは言い過ぎかもだけど。恵まれていると、いろんな甘えが出ちゃうし、ぬるま湯体質になりがち。だから、なんか不当に叩かれたり、行動しても上手く行かなかったりすることで少しずつたくましくなれたり、人間的に成長もできる。だから恵まれている子が起業するのは一石三鳥くらいあると思うのよね。

パパ　なかなか立派なこと言うじゃない。

「こんなに頑張ってます!」って見せるの古いよ」

里佳　あとね、これも最近よく思うんだけど、**「イージーモード」に見せかける**というのが大事な気がして。

パパ　イージーモード?

里佳　「人生、イージーモード」って、わたし言われてるの、よく。「椎木里佳は、人生イージーモードだから」って。

パパ　どういう意味なの、それって?

里佳　親がお金を持っていて、苦労しないでイージーに過ごせるから。起業もどうせ道楽としてやってるんだろ、みたいな感じ。でも、そういうふうに見せるのって大事かなって思っていて。**マジで、イージーにいけるんじゃね?　みたいな感じの見せ方**っていうかさ。

パパ　「里佳さんの人生、苦労なさそうだよね」とか言われたら、「わたしの努力とかなにもわかっていないくせに何言ってんの！」みたいにならないの？

里佳　逆手に取っちゃう。まあ、たしかにイージーモードと言われてもしょうがない状況揃ってるしね。

パパ　なんで、イージーモードって言われたほうがいいの？　メリットは？

里佳　うーん、なんでだろ……。

パパ　その話、おもしろいなと思って。実はすっごい大変なことをやっているのだけど、イージーモードに見せるほうがメリットがある理由を里佳が語れたら、すごくおもしろいと思う。

里佳　でも、カッコいいよね、そっちのほうが。

パパ　イージーモードのほうがカッコいい？　一生懸命やってる人より、イージーモードのほうがカッコいいってこと？

里佳　一生懸命やっているのだけれど、それを出さずに、こんな簡単にやっていますみたいな。

パパ　そのほうがカッコいい？　それをうまく説明してよ、もっと。

里佳　「苦労している人のほうがカッコいい」って、それは昔の考え方じゃない？

パパ　なんと！

里佳　楽できるんだったら、みんな楽したいし、楽してなんぼな時代になっているじゃない、今って。だから、別にみんなそんなに苦労して生きてないし、日本中探しても生きるのに必死って人は、本当に少なくなってきたと思う。そんなふうに、**みんなイージーモードの中、「あいつ一番イージーモードだよね」ってなれたらいい**んじゃないかな。

パパ　なんとなく、ちょっとずつ理解できるようになってきた。

里佳　苦労してるのとか、あまりカッコよくないなっていう価値観。フェイスブックとか、インスタって、自分のきれいな部分だけ見せてるでしょ？

パパ　たしかにね。

里佳　きれいな部分に「いいね！」が付く。

パパ　イージーモードで勝ち続ける者こそがすげーんだと。努力して勝ち続けるより、イージーモードで勝ち続けるほうが難しいと。

里佳　うん。それがたぶん、ピラミッドの上にいる人の決まりっていうか。

パパ　おっと。

里佳　いや……、なんていうかね。

パパ　「ヒエラルキーの頂点に立つ人はイージーモードでも勝ち続ける人だ」っていう感じ？

「イージーに勝ち続ける」のが頂点に立つものの定め

里佳　イージーモードで勝ち続けなきゃいけないし、それを見せなきゃいけない。
パパ　それがヒエラルキーの頂点に立つ者の……
里佳　定めだと思います（笑）。
パパ　勉強になります（笑）。マジでおもしろいね、それ。
里佳　だって、そうじゃない？
パパ　今の若者の価値観はそこなんだ。
里佳　だってさ、私ってすっごいイージーモードに見えるじゃん？
パパ　なにが？
里佳　たとえば私がハロウィーンのとき、かわいい友だち連れて六本木とかでかわいい格好してパーティに行く。それをインスタにパッてのっける。
でも実はそこに行き着くまでにはさまざまな過程があって「親の許可が下りない」とか「仮装するためのお金が親からもらえない」とか「お店の値段が高過ぎるから何とかして」

とか、見えない苦労があるわけよ。

パパ　大した苦労じゃないけれど、いちおうね。

里佳　全然大した苦労じゃないけれど。

パパ　子どもなりの苦労があるわけだね。

里佳　それをどううまく、ただ、「親がお金を出してくれただけだし」みたいな感じに見せられるかっていうのが腕の見せどころ。

パパ　ヒエラルキーの頂点に立つ者の義務っておもしろいわ。クールに見せるには、イージーモードでここまで来て、それをイージーに継続すると。

里佳　「ず〜っとイージーにやっているんだぜ」って。

パパ　**「人生楽勝なんだぜ」**と（笑）。

里佳　**実は、裏ではけっこう頑張ってるけど、**みたいな。

パパ　イージーモードが大事に思えてきたかも。これから頂点に立つ経営者はそんな感じになるのかな？

里佳　パパも社内の人に弱音とか、家でも「仕事頑張ってる」なんて言わないでしょ。

パパ　そうか、実はイージーモードを無意識に実行してるのかな（笑）。でもさ、里佳も愚痴《ぐち》りたいときってあるでしょ？　そう言うときとかはどうしてるの？

里佳　別アカウント使うね。別アカで、本当に仲いい子たちにだけ見せたりとか、フォロワー3人とか5人とかのとこで悩みを言う感じ。それもたぶん、表舞台では自分は明るくて悩みもなさそうな人間に見せるための戦略だね。

パパ　アカウントはいくつもあるのか。

里佳　うん、それフツー。

パパ　**個人がメディアの使い分けをする時代**になってるよね。自己ブランディングに気を付けて。「プライムタイムと深夜放送はコンテンツの内容違うよ」みたいなのに似てる。「自分がどう見られるか」っていうのを、すごく意識してる。

里佳　そうだね。そういうことするのって、いままでは芸能人だけだったけど、普通の田舎の子とかも、気にする時代。ツイキャスするためだけにメイクに一時間かけるとか、ざらにいる。

パパ　すごい時代だね。

里佳のまなび 08

恵まれた環境にいる人ほどチャレンジを！世の中に刺激を与えるリーダーになろう。

インターネットの荒波を乗り切る技術

ネット時代は鈍感さが大切

パパ　それにしても里佳は、ネットでの批判もうまく受け流して、たくましくやってるよね？

里佳　いちいち考えてたら大変だしね。

パパ　「デジタルネイティブ」の強みってそういうところだね。ネットでの批判をかわしたり、あえて鈍感であったり、目立ちつつも本当に火の粉が降りかからないようにするスキル。

里佳　パパ、けっこう凹んでるもんね。

パパ　やっぱ悪いこと言われると、そりゃ凹むよ。クリエイターだって、やっぱり「作品を否定される＝人格否定」だと思っちゃうしね。作品の反応は、読まないようにしようと思っても、つい見ちゃって。で、傷ついて、ウワーッってね。

里佳　そういうのを通じて、強くなるんじゃん？

パパ　でも、意外とそれだけで自信がなくなったりとか、一歩が出なくなっちゃうとか、ああいうのってそれなりにボディブローのように効いてくるんだよ。

里佳　だから、里佳もいろいろ目立つ中で批判を受けて、クリエイターみたいに自信喪失とかしたら嫌だなーなんて思ってはいたんだけど……けっこう元気だよね？

果敢にブロック！　嫌なこと書く人はシャットアウト！　そういう人はそういう人でしょうがないいんだよ。

パパ　いやあ、それこそがデジタル時代のメンタリティだよね。パパみたいなデジタル前の世代だと一日考えちゃう。「そうかな、俺、ダメかな」みたいな。

里佳　2ちゃんで私のスレとか見て落ち込んでるよね、なぜか。「いや、私じゃん、落ち込むべきなのは」みたいな。

パパ　やっぱ言葉に重み感じちゃうんだよ。でも、デジタル世代はもっとしなやかに。「だって知らない人でしょう？」みたいな感じでしょ？

里佳　でも最初は気にしたよ、けっこう。起業した当初に、ちょうどブログとツイッターを始めて。それで「始めました、よろしくお願いします！」みたいなことを書いたら、すぐ2ちゃんで炎上だよ。「中学三年生で起業して」「こんな生意気なツラ下げて」「父親が鷹の爪の社長で」みたいな、つっく要素がたくさんあったんだろうね。

フォロワーをいちばん増やす方法が「炎上」です

パパ　最初は凹んだんだ？

里佳　「半年で潰れる」とかいろいろ書かれた。そのときはめちゃくちゃ凹んだんだけど。でも、あまりに量が多くなってきたというのもあるし、慣れたっていうのもあるし。あと、けっこう、泳がせると、すごくいいなと思い始めて。

パパ　泳がせる？

里佳　泳がせるっていうか、炎上させておくという。ツイッターのフォロワーがいちばん増えるのって、テレビでもなく、新聞でもなく、ネットの炎上なんだよね。フォロワー数が増えると発信力が増す。私にとって、経営者として発信力を増やすことはすごく重要で。だから、**泳がせるだけ泳がせておいて、知名度・発信力をバンバン増やす。**だから朝、わざと2ちゃんをリツイートしたりするからね。

パパ　開き直って。

里佳　うん。

まあ、**悪いこと書く人って実はあまり深く考えずに軽く書いてる**から、こっちも重く受け止めなくてもいいんじゃないかなーって。

パパ　言葉の感覚って、ちょっと変わってきているのかもしれないね。パパの世代だと、テキストコンテンツってプロが書くもので、すごく「重いもの」だった。今はその割合が逆転してるよね。

昔は「プロ：素人が99：1」で、今はたぶんプロが1で、世の中に出回っているTwitterやFacebook上の文章って、ほとんど素人が書いているわけじゃない？

だからそのテキストの重さというか、信頼度とか、言葉の重要さって、もしかしてだんだん感覚で軽くなっているのかもしれないね。

里佳　そうかも。まわりの友達とかもずっとスマホで何か書いてるし。

パパ　若者にとっては何かを書いて表現するのが、もしかしたら友達と会話する以上に自然なことになってきてるのかもしれないね。

里佳のまなび 09

ネット時代は「鈍感さ」が武器。批判は覚悟の上で、発信し続けよう！

＊3　トーキョー・オタク・モード　68ページ
2011年に亀井智英氏を中心に立ち上げられた、日本のアニメやマンガ、コスプレなどのサブカルチャー情報を発信するFacebookページ。2013年には1000万いいね！を達成。2012年、アメリカにTokyo Otaku Mode Inc.を設立した。

＊4　JCJK総研　70ページ
サイバーエージェント社のteens事業部が、2013年に設立した、「女子中高生の今」をメディアとして世の中に発信していく研究機関。

＊5　藤田晋（ふじたすすむ）　70ページ
日本の実業家。株式会社サイバーエージェント代表取締役社長。同社はアメーバブログ関連事業とインターネット広告代理店事業を主とする会社。

3時間目

パパ、自分の会社をクビになる

ビジネスに付きものの逆境とリスクを学ぶ

「経営」という手段で世界を動かしたい！

順風満帆のサラリーマン生活

里佳　パパって、サラリーマンだったんだよね？

パパ　しばらくソニーにいたね。

里佳　前から入りたかったの？　なんでソニー？

パパ　大学二年生のときにアメリカに留学して、そのとき「世界を相手に仕事したいな」って思った。当時、スターだったソニーの盛田さんを見て、**世界を舞台に活躍する人って超カッコいいな**と思って。
海外に行ってもソニーの存在感、すごかったしね。世界でのソニーの存在感の大きさにビックリしたんだよね。

里佳　でも、昔から社長になりたかったんだよね？　なんで就職したの？

パパ　実家のある静岡から東京に出てきて、キャンパスライフを満喫しまくった4年間だったわけだけど、自分でも「世間知らず」というのは当然わかっていたんだよね。世間知らずのまま、それこそビジネスモデルもないまま、さすがに戦えないかなって。

そこで「社会とはなんたるか」を世界のソニーに鍛えてもらおう、と。2年サラリーマンやれば、ビジネスモデルも見つかるだろうと思ったんだよね。

里佳　2年で辞める気だったの？

パパ　うん。2、3年と思ってた。マックス3年。ソニーを辞めるときは起業するときだと思ってたね。

里佳　今、パパがソニーにいたら、社長ぐらいになってた？

パパ　いや、40代だとさすがに無理だろうね。

里佳　どんなに才能があっても？

パパ　無理かな。

里佳　残念。

パパ　で、まあ「2、3年で起業しよう」って思ってたら、海外への転勤が決まった。

海外駐在ってやっぱり楽しいんだよね。海外で暮らすことが楽しい。「シンガポールって、こういう町なのか」とか「アジアの人ってこう考えているのか」とか、そういうことがすごく楽しかった。

アジアを舞台に大暴れ！

里佳　海外で何してたの？

パパ　主にアジアでのマーケティング担当だね。ソニーの商品をアジアに売り込んでいくお仕事。作ったCMがベトナムで大きくヒットしたりして、ダイナミックな仕事がすごく楽しかった。

里佳　いっぱい売れた？

パパ　売れたよ。自分が発想から演出まで手がけたCMが国民的ヒットになって商品がものすごく売れる経験をして、そのときに**「自分のアイデア次第で、国民を熱狂させて購買行動を起こすことができる」**ということに驚いて、自信を深めたんだ。
ベトナムのハノイに駐在したときは、まったくひとりからのスタートだったからね。採用からオフィス探し……なにからなにまで、ぜんぶ自分でやることになって。たぶん会社もわかっていたんだろうね。僕が組織の中でやるよりも、ひとりで好き勝手やらせたほうが、ブワーッと馬力を出すだろうということが。

里佳　会社もわかってたんだ。

パパ　そう、それがソニーの懐の深さだよね。僕のそういう性格も、ちゃんと見抜いて、こいつは組織の中で歯車として使うより、パラシュートで落として、「生きて帰って来い！」って言ったほうが、なにか結果を出すのではないかと。

里佳　で、めっちゃ楽しかったんだ。

パパ　めっちゃ楽しかった！　そこで起業を一回した感じがあった。

ソニーの後ろ盾《だて》は当然あったけれども、ショールームを作るとか、販売店の販売ルートを作るとか、故障品をピックアップするトラックを買って巡回修理ルートを描いたりとか、そんなことも全部やったからね。政府との折衝《せっしょう》もしたな。新規事業所だから、本当に創業みたいだった。

里佳　過酷じゃなかったの？

パパ　「個人の発想で熱狂が作れるんだ」という気付きもあって、「起業ってめちゃくちゃ楽しくて、自分に合ってるな」という思いがかなり強まった。

里佳　ハノイではどういうものが売れたの？

パパ　テレビとか、高額商品。だから、お金のないベトナムの人から大きなお金をいただくことへの責任感はずっと持ってた。だって年収6万とかだよ。公務員の月収5千円だから。年6万円の人たちに、十何万円のテレビとかを売るわけ。だから売る責任っていうのは、ものすごく感じてた。
あと、「先進国としてこの人たちになにをするべきか」とか「日本人としてどういう貢献をしなきゃいけないのか」とかも、本当に貧しいエリアを目の当たりにして思ったね。車で貧しい地域を回るんだけど、車を見ること自体が初めての子どもとか、いっぱいいるわけ。それってどういうことなんだろうって、ベトナムの地方と東京の差ってなんなのだろうとか考えてた。「本当にこういう仕事をしていいのかな?」とか「もっと日本人としてできることはないかな?」という疑問に関しては、今でも宿題を解いていない気がするんだよね。

里佳　この前、そういう話をしたよね。珍しくまじめに。

パパ　うん。やっぱりいつか、そういった人たちに対して貢献できたら、と思ってる。

里佳　それがパパの夢なんだね。

パパ　そうね。ベトナムに行って、そういう人たちの生活を見たのも、めぐり合わせというか、ご縁なんだよね。ライフワークとして、意識して今後もやっていきたい。

「経営」という手段で世界を救いたい

里佳　「世界の貧しい人たちに何かできないか?」っていう思いは、私にもあるよ。私、中二のころに、向井理さん主演の「僕たちは世界を変えることができない」っていうカンボジアを舞台にした映画を観て、そのときにショック受けたんだよね。その映画では、いままで東京にいて社会のいい面しか見てこなかった日本の若者が、カンボジアで死にそうな子を目の当たりにするんだけど。結局、「自分たち4人だけの力じゃ世界が変わらないのだ」というのを痛感するという映画で。

パパ　でも、里佳は「何にもできないや」ってあきらめる気持ちにはならなかったの?

里佳　うん。**「世界は変わらない」って言っても、それをただ傍観するのも、ちょっと違うな**と思って。東京の人たちはどんどんお金を稼いでお金持ちになっているのに、その裏で貧しい人たちとはどんどん差が生まれていて。それでいいのかなっていうのは、思って。なので、そういう差を普通になくすっていうか……なんだろう、格差をなくすことを気負わずに当たり前のこととしてやっていきたい。ナチュラルな感じでやりたいなって思って。その考えがちょうどパパと合ったんだよね。「いつかやろうね」っていう話をした。

パパ　そうだね。そういう意味でも経営って役立てると思うんだよね。

里佳　世界を救うっていうと、慈善活動とかボランティアってイメージだけど……。

パパ　ビジネスという手段でも世界は変えられるよ。**貧しい国に「寄付する」というのも悪くはないんだろうけど、最終的にはどこかで「自走」するようなかたちにしていかないと、結局は続かない。**やっぱり「経営感覚」というのは、貧しい人を救う上でも必要だなと思っている。そんなことも含めて、貢献できたらなと思うよね。

ハリウッドと日本との橋渡し役に

里佳　えっと、で、海外行って活躍して……それからどうなったの？

パパ　ベトナムに2年以上行って、いろんなことも達成して、いろんな賞もとったから、子どもを産むときは日本に帰ろうということになった。
ありがたいことに帰国するにあたって「椎木さん、次は何をやりたいですか？」って聞いてもらえて。そのときは僕の中で、ハードウエアはぜんぶやり尽くした感じがあった。
海外では支社長として、商品の故障までフォローして、政府の交渉も輸出入とかもやったから。これ以上ハードウエアビジネスでやりたいことはないな、と。

里佳 おなかイッパイ?

パパ まあね。それで、買収などを通じてソニーグループ内で注目を集めていたエンターテインメント業界が気になっていたから、「音楽とか映画とかをやらせてください」って言ったんだ。

里佳 希望が通ったわけね?

パパ そうそう。結局、アニメの事業をやることにした。

里佳 アニメが好きだったの?

パパ いや、実はアニメって、あんまり観てなかったんだよね。せいぜい「宇宙戦艦ヤマト」とか「銀河鉄道999」ぐらい。ぜんぜん興味がなくて、もちろんアンテナも立っていなかった。ベトナムにいたのもあって、日本のアニメがどうなっているかとかも、まったく知らないし。
で、東京に帰ると世の中では「ポケモン」というものが大流行していたんだよ。

里佳 ポケモン全盛期!

パパ そう。しかも世界でも流行ってるらしい、と。そこで「そういえばベトナムでもドラえもんの海賊版とかあったな」みたいなことを思い出して「そうか、そうか、日本のアニメってすげーんだ」って、はじめて気付いた。
ちょうどソニーピクチャーズにアニメ事業の部隊ができたところだったから、ほぼ創業メンバーとしてそこに入った。そこで、ハリウッドの「コロンビア・トライスター」[*6]と太いパイプを作って、日本とハリウッドを繋《つな》いで世界に発信していくアニメビジネスを作り上げてくれ、と言われたんだ。アニメで日本を、そして世界をリードしようって躍起になったというわけ。

里佳　おもしろかった？

パパ　それはおもしろかったよ！「ハリウッドと日本の橋渡し役」だからね。この仕事は5年くらいやってたけど、おもしろかったなー。

里佳のまなび 10

「経営」という
手段を使えば、
自分のアイデア次第で
世界を変える
ことができる!

パパ、起業する

「ハリウッドはヤンキーみたい」

里佳　聞いてるとサラリーマンを満喫してるみたいだけど……まだ起業しないの？

パパ　まあ、ちょっと待って。

エンターテインメントビジネスって、超個人戦なのね。

里佳　「人対人」みたいなこと？

パパ　うん。エンターテインメントの世界で、「ハリウッド」って言ったらすごい高い壁があるって思うでしょ？　でも、実際は「ムラ社会」なんだよね。

ほとんどが「デービッドの企画なら当たるんじゃね？」みたいなノリ。超属人的なわけ。

「スティーブが乗り気だから大丈夫だ」とかね。

里佳　「この会社だから」とか「根拠がどう」とかじゃないんだ。

パパ　かなりの部分がロジックというよりも、人と人との信頼で動いている。結局**ハリウッドで、会社のブランド力にすがっている人なんて誰もいない**んだよね。「会社の意向はどう？」じゃなくて、「椎木、お前がこれをいいと思うのか？」って聞かれる。「これは絶対の自信がある！」と言うと「わかった。お前がそう言うなら、俺はそれを買う！」みたいな感じだった。

里佳　ヤンキーみたい。

パパ　もう、本当にそういう世界。超属人的なビジネスだったよ。僕はチームで起業するわけでもないし、プログラミングができるわけでもないから、それまではなにを強みに勝負すれば勝てるのか自信を持てなかった。でも、エンターテイメント業界なら、自分自身がブランドになって、「椎木が言うなら」とか「椎木とやるなら」っていろんな人に言ってもらえる。人間力だけで、個人が裸で戦える場だなと感じたんだよね。

里佳　強みが見つかったわけね。エンターテイメントなら一人で会社をやっていけるって思ったんだ。

パパ　そう。ハリウッドにも人脈ができたし。日本のエンターテインメントが、アメリカにバシバシ刺さって、世界中で日本の影響力をもっと大きくしたいな、と。だんだんイメージが大きくなっていって、「これは絶対起業すれば成功できる！」って思った。

里佳　でも2年で起業するはずが、10年かかった。

パパ　そうだね（笑）。でも、まったく無駄なことはなかった。だから、いま里佳はいちばん近道を歩いてると思うけど、これからどういう道を歩んだとしても、やっぱりなんにも無駄なんてないと思う。

里佳　人間万事……

パパ　塞翁《さいおう》が馬《うま》、ね。

だから里佳の場合、「早く起業したから目立つ」という優位点もあれば、「早く起業しちゃったから本来はもっといろんな経験をすべきだった」という意味では損かもしれない。10人いれば10人の起業のタイミングは違うからね。

里佳　パパにとっては社会人10年目がタイミングだった。エンターテイメントの世界なら自分の強みを生かせると思って起業したわけね？

パパ　やっと**自分の強みと、それを生かせそうな場所が見つかった**んだ。

「一発目から、すげー成功しそうだな」

里佳　起業してどうだった？　大変だった？

パパ　大変もなにも「人生で一番勉強する期間」に突入したね。34歳まで「なんでもできるんじゃないか」って、「俺、すごいんじゃないか」って勘違いしたまま起業した。ソニーではどんどん結果を出せたしね。
起業して一番最初にやった仕事が、日本の「マンガ」を世界でもっと愛されるようにする仕事だった。「アニメ」はすごくファンもいるのに、「マンガ」っていまいち人気ないよねと思って。でも、実は「マンガこそ日本のすごさだ」と思っていて、マンガをもっと普及させようと思った。

里佳　なんでそんなにすごいのに海外に広がってなかったの？

パパ　アメリカのマンガって、最初から単行本なのね。だから「マンガ雑誌」というものが、まず存在していない。そこで、**日本のように毎週マンガを読む習慣ができると、月曜日が待ち遠しくなって、貪《むさぼ》るように読むようになるんじゃないか**と思った。
それが僕の仮説。

「週刊マンガを読む」という文化自体をアメリカに根付かせることが、日本のマンガの素晴らしさを理解してもらうのに必要なプロセスだと考えたんだよね。

里佳　あー、「マンガ雑誌を読む習慣」を作ろうと思ったわけね。

パパ　ありがたいことに、超有名なマンガ家、本当にそうそうたるメンバーが「それやろうよ！」と乗っかってくれたんだよね。同時に、出版業界やゲーム業界の有名な会社も乗ってくれた。

里佳　そのコネクションは、ソニー時代からの？

パパ　いや、独立してからだね。アポとって、会いに行って。

里佳　お金はどうしたの？

パパ　**一億円の資本金を集めて、僕が二千万円出資した。**退職金ぜんぶと貯金のけっこうな金額を、ドーンとそこにかけて、合弁会社《ごうべんがいしゃ》[*7]を作ったんだよね。

里佳　合弁会社？

パパ　いろんな企業とかが出資しあってつくる会社のこと。
僕が20%分を出資して筆頭株主[*8]で社長になった。それにみんなが乗っかってくれた。「マンガを世界に広めよう！」って盛り上がって、これは順調だなと思ってた。「一発目から、すげー成功しそうだな」みたいな。そこでもやっぱり自信満々で、いろいろな人に交渉しても、どんどん決まるしね。

里佳　調子に乗ってたんだ。でもいいじゃん、うまくいくなら。

パパ　でもやっぱり、そこでちょっと暗雲が立ちこめるんだよ。

社長だったはずが突然解任!?

パパ　個人にとっての二千万って、超巨額でしょ？　退職金やベトナムでの蓄えとか何から何までつぎ込んで、二千万支払ったわけで。一方で、有名企業とかマンガ家さんは、一千万とか五百万ほど出したんだけど。でも、彼らは何億、何百億と持っていて、一千万くらいの金額はもはや遊びなんだよね。五百万とか、ハナクソじゃんみたいな。

里佳　ハナクソ（笑）。

パパ　そうすると、なにが起こるかというと、僕がめちゃくちゃ慎重に、マーケット調査をやったうえで、「アメリカにはこんな需要がある」とか「ちゃんとタイトル選びも慎重にやりましょう」とか言うんだけど、彼らは「いいよ、そんなの！　なに言ってんの。こんなのチャレンジで、どうせ一千万とかなんだから、ガンガンやろうよ！」みたいになる。

里佳　ぜんぜんテンション違うね……。

パパ　ほんと、**二千万かけて命がけの僕と明らかにテンションが違う**わけ。「なにお前ビビっちゃってんの？」みたいな感じ。それで、だんだん目指しているところの違いが、浮き彫りになっていった。

里佳　パパはきっちり細かくやろうとしてたのに。

パパ　そう、全財産をかけて、本当に真剣だからね。しかも、当時の僕にとって、この「海外向け週刊マンガ」が唯一のビジネスモデルだったし。そこにいろんな人が乗ってきてくれて、絶対失敗するわけにはいかないと思ってたから。自分の時間を100パーセントかけて、一生懸命やるしかないと思っていたわけよ。
でも、彼らからすると、だんだん、「めんどくせー奴だな」ってなったんだろうね、きっと。
「いちいち細かいこと言うなよ」「ジャンジャンやっちゃいなよ」って？

里佳　それでだいぶ意識に差が出てきたときに、突然解任された。

パパ　えっ!?　解任？　辞めさせられたの？

里佳　クビだよ、クビ。**解任されたら、途端にプータローになっちゃった。**唯一のアイデアだったのに、急にパッて追い出されて、収入もない。

パパ　家に帰って、ママにそれを説明したら、真っ青だよ。「あれ？　絶対成功するって言ってたよね？　なのにいきなり無給!?」って。

里佳　超ピンチじゃん！　私が何歳のとき？

パパ　2002年だから……。

里佳　4、5歳？

パパ　子どもふたり抱えて、高い家賃の家に住んでたのに、突然プータロー。僕が出資した二千万円は会社に入れたから、お召し上げなんだよ。二千万奪われた状態で解任されたの。これはさすがにこたえた。

里佳　泣いた？(笑)

パパ　うーん……、ママは、やっぱり眠れない夜を過ごしたらしい。でも、このとき「この人に付いていったら大丈夫だ、って思った瞬間でもある」ってママは言ってた。

里佳　なんで？

パパ　僕はその夜もガーガー寝てたらしい。それ見てママは「こんな大きな出来事でも、ぜんぜん平気で寝られる人なら大丈夫だろう」って思ったという。

里佳　解任のことは心配じゃなかったの？

パパ　心配だけど、でも、それって**起きちゃった事実で、変えようがない**じゃない。しょうがない。前向きに未来を切り開くしか方法がない。

里佳　お金は取られちゃったの？

パパ　「お金だけは返してください」ってお願いし続けて、だいぶ後に返ってきた。戻ってきたから、ぜんぜんよかったんだけどね。

里佳　でも、無職。

パパ　そう、ビジネスモデルも向こうのものになっちゃったし、僕は本当に放り出されちゃったので、なにもない状態。この先何カ月間、無給状態が続くかわからない。
仕方ないから、ソニー時代にやってた「日本の作品を海外に持っていくというライセンスビジネス」で食いつなぐしかないと思った。ビジネスモデルがないからね。僕からすると、**一番つまらないビジネスで生活費を稼ぐしかなかった。**

里佳　これだったらソニーにいたのと変わらないよっていう感じ？

パパ　そうだね。いや、むしろソニーの看板でやってたほうが、よっぽど大きくて面白い仕事ができる。だから余計に地に落ちた感じがした。でも、「それでもやるしかない」と。
子どもふたりいるし、みたいな。
「積み上げていけば、いつかお金も貯まって、なにかまたチャレンジするときが来るに違いない」って思いながらやってたね。でも、これがやっぱりよくなかった。

里佳のまなび 11

経営に失敗は付きもの。二千万円失ってもガーガー眠れる胆力をつけよう！

下請けをしていては「起業家」とは言えない

新しいチャレンジをすることこそが「起業」

里佳　それでも、ちゃんと仕事もあって稼いでたんでしょ？

パパ　だけど結局、ビジネスモデルがほとんどない状態だからね。そこから「暗黒の3年間」が始まるんだよ。

里佳　暗黒……なの？

パパ　その3年間は、ソニーでやっていたことの縮小版みたいな仕事をやってた。いわば「下請け」だね。

里佳　社名を「パサニア」にしていた時代だよね？

パパ　そう、パサニア時代。

里佳　「椎の木」は英語にするとパサニア。だからパサニアにしたんだっけ？

パパ　まあ、そうだね。

里佳　でも、起業したとはいえ、結局下請けなんだよ。5社ぐらいの下請けで、それなりに頑張ってたけど。

パパ　やりたいことではなかった？

里佳　めちゃくちゃやりたいってわけではなかったよね。だから**起業家とは名ばかりの、ただの下請け屋**になっちゃった。その時代が、今ふりかえってもつらい3年間だったんだよね。

パパ　会社をつくったから起業家ってわけじゃないんだ。

オフィスもずっと自宅のままで、きちんとかまえられない。社員を雇うお金もない。ソニーにいたときよりも、はるかにちっちゃな仕事をしていた。ソニーでの仕事をみずから捨てちゃった上に、ソニー時代よりも輝いていない。

「なぜこうなっちゃったんだろう？」って、すごく自問自答してた。それまでは人生ずっと順風で、常に未来志向だったのに、このころは、大きなものを捨てちゃったんじゃないかっていう喪失感や恐怖と戦っていたんだよね。

里佳　私、パパとけっこう似てるかも。

私も本当に最初の頃は、下請けみたいな感じだった。いろいろな会社のコンサルみたいなことを、ずっとやっていて。

でも、どこかで「もっと違うことができるはず」「もっと大きなことができるはずだ」って思ってた。でも、やる勇気とかチャンスみたいなのがなくて、ウジウジしてたんだよね。たぶんそれが1年半とか2年ぐらいあった。

パパ　規模は違うけど、里佳なりに悩んだわけね。けっこう最近まで？

里佳　うん、本当に最近まで。でね、最近違うことをやろうと思って、アプリとかサイトとかガーッて話を進めてる。だから、下請け時代があったという点では、本当に同じ境遇だったなと思った。性格似てんのかな？

社長にだったら誰でもなれる

里佳　でも、そういう下請けで悶々《もんもん》としている会社ってけっこうあるんじゃない？

パパ　たぶんね。**日本の起業の多くが同業での起業**なんだって。いわゆる、前の仕事と同じ業種で独立開業する人がほとんど。

ようするに、美容師が独立して美容院をやって、前のお客様をそのまま持っていっただけみたいなこと。「起業とはいえリスクは取っていないでしょう、あなた」みたいな起業が多いんだってさ。

里佳　へー。じゃあ、みんな独立しても同じような仕事を引き続きしているんだ。

パパ　そう。あとは、55歳ぐらいになって、閑職《かんしょく》に行くぐらいだったら、早期退職制度を使って、なにか自分の得意なことで起業するか、みたいな。でも、それも結局大きな組織からちょっと出ただけで、同じことをやっているっていうのがほとんどだね。

里佳　それって日本の特徴なのかな？

パパ　そうみたい。ちょうどネットで読んだばかりの情報だけど、中国とかアメリカだと、独立してもともとのお客様を持っていくとかそういう起業スタイルじゃなく、まったく違うビジネスを立ち上げる人が日本よりぜんぜん多いんだって。いま、日本の若者もそういうのが増えてきたけど、海外だとそういう起業が当然なんだよね。

里佳　日本にはホントの起業家って少ないのかな。

パパ　僕はやっぱり**新しいチャレンジをすることこそが「起業」**だと思っているんだよ。世の中にないもの、付加価値を提供する人こそが起業家と言われる人。

でも、暗黒の3年間では、自分自身で「起業する」と言ったのに、当の僕が一番、それは「起業家じゃねえだろ」っていうことをしていた。そして、そこから抜け出せない。そんな

里佳　自分が嫌だったんだよね。パパは私にも最初の1、2年くらいは「里佳は起業家じゃなく、ただの社長だ」って言ってきたよね。「起業は、業を起こすということだから、別にあなたは起こしていないでしょ？　新しいこともなにもやっていないじゃん」って言われて。「ハァ？」って思った。

パパ　**社長は誰でもなれる**んだよ。会社を作れば誰でも社長だし。暗黒の3年間の当時の僕も社長ではあったけどやっぱり起業家じゃなかった。

忙しいとビジネスモデルを考える余裕もない

里佳　暗黒の3年間も忙しかったことは忙しかったんでしょ？

パパ　アジアのお客様、ヨーロッパのお客様、アメリカのお客様、日本のお客様って、5社くらいと取引してたからね。そうすると、時差とかで生活リズムがめちゃくちゃになるんだよね。

睡眠時間も削るだけ削って、本当に24時間働いてるって感じだった。これはビジネスモデルうんぬんよりも、身体を壊すし、3年後とかに同じ仕事を続けてるなんて絶対無理って思った。切羽詰まって、なんとかビジネスモデルを変えなきゃと思って。

里佳　必死にがんばってても、状況はまったく変わらないもんね。

パパ　そうなんだよ、まったく変わらない。

ここに下請けのジレンマがあって。問題は、うまくいってすごく忙しくなっちゃうと、社員が増えたり給料をちゃんと払えるようにはなるけど、ゆっくり考えるとか、主体的なビジネスモデルに変更するとかっていうことが難しくなっちゃうこと。

里佳　忙しくなればなるほど、新しいことを始める余裕がなくなる……。

パパ　**目の前のお客様のお仕事を受けながら、下請け脱却のためのビジネスモデルを探りはじめるって、かなり大変。**資金も必要だし、時間も必要。何よりビジネスモデルの変更はリスクがものすごい。スタッフが何人かいたらその人たちやその家族を路頭に迷わせられないし。下請けしていれば、苦しいけど10年は生き長らえる。

でも、リスク取ったら1年後には会社は倒産して自己破産するかもしれない。下請けを抜け出そうとする経営者はそういう究極の選択を迫られるんだ。

里佳のまなび 12

「社長」と「起業家」は
まったく別もの。
自ら新しい価値を
生み出せる人になろう!

挫折してはじめて独りよがりに気づく

自分の名前を社名にしたのが傲慢さの象徴

パパ　屈辱とか自信崩壊とかいろんな苦労をして、その3年間ですっかり変わった。「パサニア」っていう自分の名を冠した会社名を付けたことがまさに象徴的な感じなんだけど、すべて自分の独りよがりの考え方をしてたんだよね。その苦しんだときに読んだ本田宗一郎さんの本の中で「『ホンダ』という社名を付けたことに、ものすごい悔いがあった」ということが書かれていた。「なぜ自分の名前なんか付けちゃったのだろう」と。「世界を目指す企業なのに、世の中に貢献するために作ったはずなのに、なんで自分の名前なんて付けちゃったのだろう」みたいなことが書かれていたんだ。

里佳　苦労のなかで、いろいろ気づいたわけね。うんうん。

パパ　そうなんだよ。ソニー時代はものすごく自分に影響力があって、いろんなことを全部ひとりでできるんじゃないかって思ってた。でも、自分が起こした事業から追い出されて、ひとりになって、１２０パーセントの力で仕事をしたけど、**結局自分ひとりでできることなんて、本当にちっぽけだ**って気付いた。

里佳　自分の限界みたいなこと？

パパ　そう。ソニー時代は、大きなお金を集めることが当たり前だと思っていたけれど、暗黒の3年を経て、月に10万とか20万いただくだけでも、本当にありがたいと心から思うようになった。

里佳　成長したねえ……（笑）。

パパ　ホントにね。いただいた仕事は、どんなに小さくてもありがたいと思うようになったし。自分自身まだまだで、もっともっと頑張らなきゃいけないと思って、謙虚になれた。どんな小さい仕事でも、そこに全力で結果を出さなきゃいけないとか。たとえ失敗しても、「お前はすごく頑張ってくれたから、次またチャンスがあったらあげるよ」と言っていただけるように本当に全力で挑んでいくということを勉強した。そこでソニー時代にかけらもなかった「感謝、謙虚、全力」っていうモットーができた

里佳　んだ。屈辱の3年間で育ったんだよね。

パパ　会社でいちばん大切にしている「感謝、謙虚、全力」に行き着いたんだ。そこで**やっと「起業家」のスタートラインに立つところまで来たん**だよ。もう絶対に会社名は、自分の名前じゃないものにしなきゃいけないと思った。

里佳　で、会社名をＤＬＥに……。

パパ　「夢を持った人どうしをつないで、みんながそれぞれの夢を実現できるようなエンターテインメント企業になりたい」という思いを込めて「ドリーム・リンク・エンターテインメント」を意味する「ＤＬＥ」にしたんだ。

里佳　そっか。ひとりでできることって大したことないんだね。謙虚になって、いろんな人に感謝しながら、全力で取り組むから、夢がかなえられるのね。

パパ　僕は痛い目にあって、やっと気付いたんだけどね。

里佳　37歳で人生観が変わるくらいの屈辱とか痛みを味わったのね……怖っ！

里佳のまなび 13

ひとりでできることは
本当にちっぽけ。
それに気づくことが
起業家のスタート。

＊6　コロンビア・トライスター　108ページ
ソニー・ピクチャーズ・エンターテインメントの一部。98年当時、ソニー・ピクチャーズが「トライスター・ピクチャーズ」と「コロンビア・ピクチャーズ」を「コロンビア・トライスター・ピクチャーズ」として再編成していた。

＊7　合弁会社　114ページ
ある目的を達成するために複数の人や会社が出資してつくる会社のこと。出資者のあいだで「収益をどう分配するか」や「誰を代表取締役にするか」などを決める。

＊8　筆頭株主　114ページ
株主の中で最も多くの株式を保有している人もしくは法人のこと。大切な決めごとは、株主総会の場で決定されるが、その議決権は持っている株式の数で決まる。

4時間目

最強のビジネスモデルってなんだろう?

大資本に負けないビジネスモデルを学ぶ

マンガ家のビジネスモデルは最強？

フラッシュアニメビジネスに出会うまで

里佳 パパの会社、いまは「鷹の爪」「パンパカパンツ」とかのキャラクターとフラッシュアニメが売りの会社になってるけど、さっきの「マンガ雑誌プロジェクト」が失敗してから、どうなったの？

パパ もともと「権利オーナーになりたい」っていうことは、起業のスタート時からあったのね。それで「マンガ家って、権利元だから儲かるだろうな」って認識があった。だから、まずはマンガビジネスにチャレンジして、いつか権利元になろうと思って、マンガ雑誌の仕事をいちばん最初に考えたわけ。
でも、それって正確には権利オーナーではない。権利オーナーに近いけど、あくまでもマンガ家から掲載の許諾《きょだく》を受けて雑誌を発行したり、そのマンガの権利許諾の窓口として手数料をもらうビジネスモデルだから。

里佳　パパはそのプロジェクトをやりながら、いつか権利元になろうと思ってたけど、それも道半《なか》ばで追い出されたわけね……。

パパ　そう。そこから自分としては不本意なコンサルをしているあいだも、「紙とペンで巨万の富を築けるマンガ家のビジネスモデルって最強だよね」って思ってた。でも、権利オーナーになるにはマンガが描けないとしょうがないよね。

里佳　あたりまえじゃん！

パパ　ただ、**アメリカの出版社を見てみると、「スーパーマン」とか「スパイダーマン」とかって出版社側に権利があるん**だよ。だったら、日本でも同じようなことできるんじゃないかって思った。

それで「マンガ家を社員にすればいいんじゃないの？」って思ったけど、「マンガ家って社員にそもそもなってくれねーんじゃね？」と。みんな個人でやってるし、それで成功すれば一攫千金《いっかくせんきん》できるから、それを手放す人ってほぼいないんだよね。

里佳　そもそも、誰かに雇われることが嫌いな人が多そう。

パパ　そこで、マンガ業界に影響されていなくて、すごい才能が潜《ひそ》んでそうな分野はないかって考えた。
そんななかで「ネットにすごいアニメ作家みたいなのがいる」って話を聞いた。それが、「フラッシュアニメ」だったんだ。**この作家たちを、「社員クリエイター」として会社に帰属してもらう**っていうのは、ありじゃないかって思った。

里佳　フラッシュアニメ……。

パパ　まあ、超簡単に言えばネット動画のことだね。一般のアニメと違って、制作費は数万～数十万単位でできるから、ひとりでアニメを作れるんだ。

里佳　そうやって、だんだんいまのビジネスに近づいていったのね。

パパ　そうそう。やっていく中で、だんだんとできあがっていった考え方。だからやっぱりひとりで悶々として、「どうやったらマンガ家を社内に引き込めるか」ってところだけにとらわれてちゃダメだった。

里佳　ひとりで考えてちゃたどり着かなかった発想だよね。

パパ　「いま、フラッシュアニメってけっこう来てるよ」とか、「この作品見てみて」とか、他人とコミュニケーションをとる中で見つけられたことだからね。自分の強く思っていた考えと、いろんなインプットが重なって、やっとおもしろい切り口にたどり着くんだよね。

里佳　フラッシュアニメを見つけたのも偶然！

パパ　うん、完全に偶然。03年に「DLE」に商号変更したんだけど、そこでもまだフラッシュアニメには行き着いてないからね。結局、定まったのは05年。だから、これからビジネスをしようと思っている人も、やっていくうちにダメになったりとか、実は反応がなかったりとかいうのを繰り返してモデルが変わっていくと思っていいと思う。

「有限会社」から「株式会社」へ

里佳　ちょっと話ズレるかもだけど、「有限会社」から「株式会社」にしたのは、ビジネスモデルと連動してたりするの？

パパ　いや、そこはあんまり関係ないかな。

里佳　04年に私が小学校受験で、さすがに「『有限会社を経営してる』って言ったら落ちそう」って理由で株式会社にした説を聞いたんだけど？

パパ　あるね。

里佳　ほんとなんだ（笑）。

パパ　まあ、いいきっかけだったんだよ。
当時は、有限会社と株式会社って、すごくドライな、資本金でバッサリ差をつけられていた。だから、「二流だろ」みたいに見られている気がして。まあ当時のパパのコンプレックスだったんだと思う。株式会社でも、いっぱい二流、三流のところはあるんだけどね。
有限会社って、本当に町のクリーニング屋さんとかそういう見られ方だった。真剣にやろうとしている人は、まあ、ふつうは株式会社にするだろう、っていうのが当時の経産省とかのたてつけだった。

里佳　「こりゃ変えなきゃいかん」ということになったんだ？

パパ　ずっと変えたいとは思ってたんだけどね。
里佳の受験とか、「パサニア」っていう自分の名前から取った社名を変えようとかが重なって。それをすることで、暗黒時代から脱却するときのきっかけになればと思ったんだよね。

里佳　ちなみに、パサニア時代は給料ってどれくらいだったの？

パパ　**自分の会社だから、給与は自分で設定できる**んだ。いちおう、50万ということにしておいた。でも、会社を維持するのが第一だったから、50万も受け取ったことはなかったけどね。

里佳 お金を個人で受け取れる状態じゃなかったってこと？

パパ そういうわけじゃないけど、会社から払いださずにプールしていった。払われない給料分、会社がずっと僕に借金しているっていう構造。僕は払ってもらっていないから、年間で600万プールされて、二年間だったら1200万になるという感じ。で、最終的にその借金を会社に請求するわけ。そうすると、会社はお金を払えないから、いわゆる**DES（デッド・エクイティ・スワップ）**する。

里佳 ややこしいな。

パパ まあ、簡単に言うと、**僕への借金を棒引きにしてあげる代わりに、資本金に組み入れた**わけ。そうすることで、パサニアを起業したときは資本金300万だったんだけど、DLEは資本金を二千万円にできた。

里佳 じゃあ、DLEは資本金二〇〇〇万円からスタート？

パパ うん。当時、有限会社は三〇〇万からで、株式会社は一〇〇〇万からだったんだけど、二〇〇〇万円にしたんだよね。**ちなみにいまは1円から起業できる**から、当時とは違うけどね。

最強のビジネスモデルは化学反応から生まれる

里佳　フラッシュアニメを見つけてからはうまくいったの？

パパ　最初の段階では、自分で考えたストーリーをフラッシュアニメで表現して、それを「動く企画書」として海外に持っていこうと考えていたんだよね。それで、実際に動く企画書を作って、いろんな人に見せに行った。フラッシュアニメーターを雇ってね。でも、これは鳴かず飛ばずだった。
ソニー時代に、けっこうＣＭでヒットとか飛ばしてたから、ストーリーのアイデアにはすごく自信があったんだけどね。無念！　ヒットとは、ほど遠い結果……。

里佳　あ、いま、パパの頭が鳥の巣みたいになってるよ！

パパ　いや、関係ないし！
で、結局誰にも相手にされなくて、このビジネスモデルはダメだなと思った。フラッシュアニメでも別のものが必要だと。
つまりは、**僕のアイデアをなにかしら化学反応させないかぎりウケない**と思った。自信はあったけど、実際のところは僕のアイデアなんてクソだというのがわかったわけ。自分でできるものなんて、超限られてるから。だからこれは自分だけでは突破できないと。

里佳　それは暗黒の三年間があったから、「自分だけじゃダメだ」って、さっさと切り替えられるようになったってこと？

パパ　そうだね。「ハイ、ダメ」って。「ハイ、やっぱりひとりじゃダメでしたね」みたいな感じだった。

そこで、僕のアイデアをそのまま形にする「オペレーター」ではなくて、僕のアイデアと化学反応させられるだけの「作家性を持ったフラッシュアニメーター」にする必要があると気付いたんだ。

里佳　それでフロッグマンに出会ったと？

パパ　フロッグマンに出会い、「鷹の爪」を一緒に展開していく中で、ようやくビジネスがうまく回りはじめたんだ。

里佳のまなび 14

自分のアイデアなんて
大したことはない。
他人のアイデアと
「化学反応」させて
磨いていこう！

私、仕事がしたくてたまらない！

仕事してなくて契約切られる夢を見た

里佳　そういえば、高三になってから長期休み、パリに行ったじゃない？　そのあいだ10日間ぐらい仕事をしなかったんだよね。そうしたら禁断症状になったの。

パパ　「仕事をしたい！」ってウズウズしたんだ？

里佳　うん。「仕事したい！」って禁断症状になって、夢に出ちゃったんだよ。仕事してなくて、契約を切られちゃうみたいな夢。高三になっても自分の野望を達成してない自分へのいらだちもあった。
日本に帰ってきたら、なにかもう、追われた気持ちになって。で、すぐにサイト作りに動き出した。ちょうど「私の会社のサイトを変えてくれる」って人がいたから、その人にすぐ連絡して。そうしたらその人と話をしているうちにいろいろ話がふくらんで、結局いま、3つぐらいの新しいプロジェクトが進行してる。

パパ　お願いされる仕事じゃなくて、自分から仕事を動かし始めたわけね。

里佳　パパもコンサルをしていたときは、24時間365日忙しかったでしょ？　で、私も実際24時間忙しかった。学校もあるしね。

ただ、やってた仕事もお金がすごく儲かるわけでもないし、自分の意見がそのまますべて通るわけでもない。「私は何のために働いているのかな？」みたいな、そういう疑問がすごく出てきて。でも、お金をもらえているし、やっぱり会社を始めちゃって、メディアにも出ているから、「やっておかないとダメじゃん」って思って続けてきた。惰性《だせい》になってた部分もあったと思う。

でも、やっぱり「新しいことをやらなきゃ」っていうのは、ずっと思ってたんだ。

「めっちゃイジメ！　本当にイジメだった！」

パパ　下請け状態から、新しいことをやろうという段階に入ってきたわけね。

里佳がこの発想に行く着くまでに、パパがちゃんと里佳の意識に種を植えておいたのわかった？　「里佳がやっているのは社長業かもしれないけれど、起業家じゃない」というのを、ずっと前から言ってたでしょ？

「自分がやっているのは付加価値が低い」とか「実は下請けなんじゃないか」っていうのを、気付いてほしくてね。嫌がられながらも、ちゃんと少しずつ里佳の意識に植えておいた。

里佳　めっちゃイジメ！　本当にイジメだったよ！

パパ　でも、そうやって前からちゃんと植えておかないと、「ちょっと違うかも」とか、「なにかでブレイクスルーしなきゃいけないかも」とかって気づけないでしょ。気づけたら、「じゃあ、どうしたらいいんだ」という段階に行ける。

里佳　ドヤ顔すごいし（笑）。

パパ　いやいや、誘導じゃないけどさ、里佳が起業したときもそうだけど、それなりに外堀を埋めていかなきゃと思うわけだよ。そういう親の影響って、みんなどこかにはあると思うんだよね。

だから、**親の言葉とか行動は、子どもにすごく影響を与える**っていうことは、ちゃんと理解しながらやっていかなきゃなというのは、毎日思ってる。

里佳　ママが、「夏休みの間、なにか結果残した？」とか、めっちゃ言ってくるんだよね。「女子高生でいられるのもあと何日ぐらいだろうねぇ」とか！　「私はちゃんとやってるし！」って言い返すんだけど。でも、やっぱり心の奥底で「本当にそうだな。ヤバイな」とか思ってて。

パパ　ママはすごいストレートだからね（笑）。僕は「外堀埋め型」だけど。

里佳　突き刺さる、本当に。ほんと、痛すぎる。

パパ　でも、パリから帰ってきて以来、本当に仕事がものすごい進んでいるんだよ。たぶんパパの1年とか2年分が、この1カ月ぐらいで全部終わってるからね！

里佳　見たんかい！

パパ　いやいや、たぶん。でね、**今までやってきた仕事の何十倍も楽しい**んだよね。今までやってきたことは、やっぱり受け身型だったし。なんだかんだ言って休みは、めちゃくちゃ遊んでたし。どこか仕事なのに若干「部活」みたいな。

いまは「ガチ」っていう感じかな。パパの知らない人とぜんぜん知らないところで会って、パパの力を一切借りない、知らない領域に踏み込んでる。体当たりで真っ裸でやってい る感じがすごくする。それがすっごい今楽しくて。

なので、いまいい感じ！　すごく！

里佳のまなび 15

新しい領域に
自分の足で進み、
チャレンジすれば
ビジネスは何十倍も
楽しくなる！

同じビジネスモデルを大会社にやられたらどうなるか

追い出された「マンガ雑誌プロジェクト」の顛末

里佳 それで、パパが暗黒の3年間を過ごす原因になったマンガ雑誌は、結局どうなったの？

パパ パパは追い出されて、生きるのに必死で、彼らが何をどうやっているか探っている余裕もなかったから当時の詳細はわからない。

でも結果は知ってる。この新しい「海外向けマンガ雑誌」が発売されるのとほぼ同時に既存の大手出版社が同様のマンガ雑誌を出版したんだ。そのバトルに破れて、廃刊になっちゃった。たぶん大手出版社にとっては「放っておくと、この新興企業が日本のマンガの海外進出の中心になってしまうかもしれない」と脅威を感じたんだと思う。で、本

里佳　気になられて、つぶされちゃった。

パパ　エグい！

むこうも有名なマンガのそうそうたるラインナップをポーンと用意してぶつけてきたんだよね。

里佳　やっぱり敵《かな》わなかったと。

パパ　このような流れの中にも学ぶことがある。つまり、**「同一のビジネスモデルで、より大きな資本が入ってきたら、どうやって自分たちを守るのか」**ということ。

マンガ雑誌のプロジェクトを動かしていた当時は一切考えていなかったよね。今から考えると「そんな状態でよく全財産かけたね」みたいな、ちょっと笑っちゃうぐらい脇が甘い考えだったんだよ。

里佳　どんな甘い考え？

パパ　立ち上げたばかりの会社ってスピード感を持ってドンドン仕掛けていって、うまくいけば、しばらくは世の中に受け入れられる。だけど、その成功を見た大きな資本が本気を出したらひとひねりになる可能性がある。

だから、大資本の会社と差別化するためには「スピードを重視する」とかだけでなく、「著作権や特許で守る」とか、「大企業では絶対マネができない、あるいはマネすると損しちゃうようなビジネスモデルを生み出す」というような、さまざまな方法で守らなきゃいけない。当時は「有名なマンガをおさえて、一番乗りすれば勝ちだよね」みたいな、それだけの発想だったから。

里佳　勢いだけ？

パパ　まさに勢いで。「もう勝ったな」みたいな感じだった。

里佳　私の会社みたいなベンチャーがアプリとか開発しても、大きい会社が大金出してガーッと開発とかプロモーションとかやっちゃったら勝てないってことか。

パパ　まあ、かならずしもそうではないけどね。ベンチャーでも人や資本を充実させて、先を見通せる経営者が先頭に立って戦えば、大企業にだって勝てる。
でも**大企業とガップリ四つになって戦えるほどの人と資本を充実させられるベンチャーになるまでが、そうとう難しい。**

どこからも攻めにくいモデルを構築せよ

里佳　え〜、じゃあベンチャー企業ってお先真っ暗ってこと？

パパ　そんなわけないよ。日本のベンチャー企業の未来はとても明るいと思う。

里佳　じゃあ、弱小ベンチャーである私の会社がこれから大企業に勝つためにはどうしたらいいんだろう？

パパ　そうだね。DLEのフラッシュアニメのビジネスが「ブルー・オーシャンだ」[*9]と言って興味を持ってくださった教授がいるんだ。その方が、「椎木さんのビジネスモデルはめちゃくちゃいいよ！」とほめてくださった。

その教授はいろんなビジネスモデルを見てきた方で、お会いしたときに「椎木さんのビジネスモデル、何に似ていると思います？」と聞いてきた。僕は「なんだろう？　どことも似ていない新しいビジネスモデルだと自負しているんですけどね……」って答えたら、「椎木さん、私の知っている会社で一社似ている会社があるんですよ」と。

里佳　え、どこだろう？

パパ　「どこですか？」って聞いたら、「意外と思うかもしれないですけれど、QBハウス[*10]に似ているんです」って。

里佳　QBハウス？　あの激安カットの？

パパ　そうなんだよ。ビックリするでしょ？　不思議に思って、「QBハウスってあの髪の毛のですか？」って聞いたら、「そうです」って。

里佳　えー？　なんでなんで？

パパ　美容院の業界って、たぶん時給2〜3千円くらいの社員が、30分カットして、8千円くらいをお客様からもらうっていうモデルでしょう。もしかしたら、時給はもっと安いかもしれないけど。そういう構造で成立してる。

そこにQBハウスが、「千円でいいです！　10分でカットします！」と言って市場を荒らし始めた。でも、既存の大手が、勢いが出てきたQBハウスをやっつけようとして、低価格戦略を取ろうとすると、彼らが謳歌《おうか》してきた高利益型の美容院ビジネスの利益構造が一気に崩れちゃうでしょ？

里佳　そうだね。美容院が千円にしたら儲からなくなっちゃう。

パパ　だから、美容院のチェーンとかは、「QBさんとうちは違いますから」とか「あれは美容院と言えませんから」っていうふうに別ジャンル扱いして、無視を決め込むしか方法がなかった。ホントは気になってるんだけど。

里佳　ああ、「敵だと思ったら負け」みたいな？

パパ　そのとおり。**「あいつらは違うジャンルだ」と「あれはヘアカットじゃない」と、その市場を狙わずに捨てるしかない。**

千円カットくらい極端な差別化ができた上での参入だと、後追いすると損しちゃうから

「どうでもいい人たちがやっている別ジャンルで、見ないふりをしよう」ってことになったわけだ。

里佳　大きい敵は攻めてこないわけね。でも、新しい人たちがマネしてくるっていう心配はないの？

パパ　そこも大丈夫。

QBハウスは価格は安いけど、プロの理容師さんの集団だからね。腕はそこそこだし、ちゃんと自動販売機で券を買うとか、外に「空いています」と告知しているとか、掃除機みたいなので髪を吸い取るようなシステマチックなものがある。だから、**新規参入しようとしている人たちにとっては参入障壁が結構高い**んだ。

それにQBハウス以外の会社が繁栄できるほどマーケットも大きくないからリスクを取って参入したところで儲けも限定的。これじゃあ、「やってやろう！」って人が現れないのも当然。

里佳　なるほどね！　プロも素人も、そして後追いのベンチャーも入ってこないビジネス領域を作り上げたのね。まさにブルーオーシャン。めっちゃ賢い！

パパ　うん、まさに。そうなると、上からも降りてこない、下からも攻められない。QBハウスができたときは、「あんなのは大手が本気になったら、ひとひねりだよ」って言われていたのに、今もずっと領域を守れているわけだ。

大企業には「おいしくない」新規参入するには「ハードルが高い」

里佳　で、パパの会社はどういうところがQBハウスに似ているの？

パパ　DLEのフラッシュアニメのビジネスモデルが、まさにQBハウスのそれなんだよ。**これまで制作に一千万くらいかかっていたテレビアニメシリーズを、僕たちは何十万、何百万とかでやっちゃう。**既存の企業は、「あっちはアニメじゃない。あんな紙芝居みたいのと一緒にしないでくれ」とか「価格で対抗しちゃうと損しちゃうから相手にするのはやめよう」とか言って、いっさい上からは攻めて来なかった。

里佳　素人とか他のベンチャーがマネしようとはしなかったの？

パパ　低コストはマネできても、スピード感を持って大量生産することや、人を魅了するクリエイティブな部分はマネできなかった。
そして、幸運にも最初にテレビシリーズをやれたのも会社の強みになった。テレビ局って、やっぱりテレビシリーズをちゃんとまわしたことがある会社を信頼するからね。素人さんや新規参入企業で、お金もないし信用もない人をテレビ局が直接使うって、相当リスクがある。

里佳　いいポジションが取れたのか。

パパ　僕たちはすごく安いジャンルで、かつ、安心マークが付いた。もしかすると、「技術的には俺たちのほうが上なのに、ＤＬＥはテレビ局や映画業界に食い込んでいるな」とか、嫉妬《しっと》されてたかもね。

里佳　そういう**「上からも下からも攻められないってポイント」**が、ＱＢハウスと同じなんだよ、みたいなことを教授に言われたの。

パパ　へえ……。たしかに両社とも「10年経ってもライバル現れず」みたいな感じだもんね。

里佳　そういう意味で、大手が入りにくいビジネスモデルっていうのはあると思う。

パパ　うん、わかった気がする。

里佳　僕も教授にその説明されたとき、「そうそう、そうなんですよ！」みたいに、今まで漠然と感じてたことがクリアになったんだ。

パパ　パパは、最初から大手に入られないようなところを狙おうっていう意識はあったの？

里佳　うん、マンガ雑誌ビジネスに失敗したおかげで、「参入されにくさ」というのは、やっぱり意識したよ。失敗は成功の母だね。

里佳　でもブルーオーシャンっていうけど、こんなにビジネスがあるのに、ブルーオーシャンってもう残ってないんじゃない？　日本のベンチャーの未来って明るいの？

パパ　日本にはまだまだベンチャー企業が少ないでしょ？　だから、誰もビジネスを仕掛けていないブルーオーシャンがたくさんある。

里佳　そう？

パパ　大きなブルーオーシャンは大企業が参入してくる可能性が高いけど、小さめのブルーオーシャンは大企業も狙わないから空いてる。**手間の割に売上が小さいような市場**だね。

里佳　へー、小さめのブルーオーシャンか……。

パパ　小さめと言っても、日本の経済力だと意外と大きい収益を獲得できる。ベンチャーはそこを狙って、**現金を生み出すしくみを構築して、そのキャッシュでより大きな市場を狙う、**という戦略を取ることができるんだ。

里佳　「わらしべ長者」みたいに、徐々に成り上がっていく感じね。

パパ　しかも、小粒なベンチャーでも、数億程度の利益をちゃんと出していれば東証マザーズ[*11]は上場させてくれるから、大きなファイナンスも早めに可能なんだ。そうしたら、いろいろなチャレンジができる準備も整うからね。**日本はベンチャーにとって、天国みたいなところ**だと思うよ。

里佳のまなび 16

大企業が攻めにくい「小さめのブルーオーシャン」を狙おう！

密度の濃いところで熱狂を作れ

東京ガールズコレクションを買収した理由

里佳　昨年、パパの会社ってTGC[*12]（東京ガールズコレクション）を買収したでしょ？　なんでTGCだったの？　いけるって思ったわけ？

パパ　いまの時代、「熱狂を作れる」って、すごいことなんだよ。

これだけコンテンツがあふれる中で、全国津々浦々、全国民を巻き込んで熱狂を作るのって、ものすごいコストがかかる時代。昔ほどそんな熱狂って起きなくなってる。

昔は「紅白歌合戦」とか「力道山の試合」とか、本当に多くの人が同じメディアを見てたから、国中で盛り上がることが可能だった。

でもいまみたいに本当にメディアが多い中でそういう熱狂を作るって、ものすごく難しくなってる。あるとしたら、本当にオリンピックとか、ワールドカップとか。大変なコストをかけないと、そんな熱狂って作れないでしょ？

里佳　たしかに、全員がワーッってなることってほぼないよね。

パパ　うん。でも、こういう時代でも、ビジネスにはやっぱり「熱狂」って必要。で、僕たちが意識したことは**「狭くてもいいから熱狂を作る」**っていうことだったんだ。ただ、範囲が狭いといっても、対象が10人ではビジネスにならないから、僕たちはそこを数百万人でいこうと思った。

里佳　数百万が熱狂ってのもスゴイけどね。

パパ　「秘密結社 鷹の爪」は、TOHOシネマズさんで映画が始まる前に流してもらってるでしょ？　そこでは**年間約三千万人から四千万人が映画を観ている**から、そこから「鷹の爪」が愛され始めた。
静岡放送さんで「パ[*13]ンパカパンツ」をやったことも同じ。静岡県って、三七〇万人いるからね。

里佳　**「静岡の人だけ、ピンポイントで大流行」**ってことか。

パパ　静岡の隣の愛知県の人も神奈川県の人も、誰も知らない。静岡の三七〇万人だけが知っていて。でも、この三七〇万人には「超かわいいキャラクターだ！」って夢中になってもらう。
この「密度の濃いところで熱狂を作る」ことによって、この人たちが「モノを買いたい」とか「誰かにこれを伝えたい」とか「誰かに語りたい」って思ってもらえる。
そういう熱量からヒットって生まれると思うんだ。だからなにしろ、狭いけれども熱量があるものっていうのを、僕たちはすごく価値があるって思ってる。

里佳　自分たちだけ知ってたら、自慢したくなるもんね。今の時代は、夢中になってる核の人がいたら、どんどん広がっていくんだ。

パパ　TGCは、17歳から23歳くらいの三〇〇万人ぐらいの若い女の子が、超熱狂している。そこの前後にもっと人数がいると考えると、トータルで五～六〇〇万人くらいいるよね。**それだけの人数を熱狂させるブランドというのは、非常に価値がある**と思った。で、このコンテンツならば、勝負できると思ったんだよね。

里佳　もう熱狂がつくれているから、それをさらに広げられるみたいな?

パパ　うん、そこをうまくマネタイズすれば。まだ、できていないことがあるからチャンスだなって。

「東京」というブランドは強い

パパ　あと、東京周辺の熱狂ってアジアにも確実に通用する。だから、TGCはアジアにも展開できると思ったんだ。

さらに言っちゃうと、**「ジャパン」というよりも「東京」というほうが、アジアの人からするとわかりやすいし、価値があるん**だ。その「東京」というワードが入っている、人を熱狂させられるイベントって、ものすごいポテンシャルがあるって思ったんだよね。

間違いなく、アジアに広げられる自信があった。

里佳　TGCっていつからやってるんだっけ？

パパ　05年からだから……今回で21回目か。

里佳　私も小学生のころからファッション大好きだから。私小五から行ってたなー。「TGC、超憧れ！」みたいな感じで。

ランウェイの真横のスタンディングエリアは争奪戦なのね。開場してすぐダッシュ！席がないからマジ必死。開場の13時から、終わりの21時過ぎまで、8時間くらいずっと立ちっぱなし。中学生、高校生が超熱狂してるよね〜。

パパ　里佳はTGCに出たかったの？

里佳　私は完全に、**いつかTGCを作る人になりたい**って思ってた。マジで小五から思ってた。

パパ　すでにプロデューサー視点だったんだ（笑）。

里佳　小学生ぐらいのときに、映画の「プラダを着た悪魔」でヴォーグの編集長のアナ・ウィンターを見て、「この人がいい！　なりたい！」と思ったことがあって。で、そういう「作る側」というか、その人のひとことだったり一挙手一投足で、社会がめちゃくちゃ注目するみたいな。TGCもイベントひとつで、社会全体が注目するっていう、そういうのに憧れを持っていたんだよね。

パパ　これだけ夢中になれるイベントってやっぱりすごいよね。

里佳　ほんとにない。他のイベントっていったらコミケとか、けっこうオタク系になっちゃう。

パパ　たしかにそういう傾向はあるかも。

里佳　まあ、TGCの競合もあるから、パパがんばって。

パパ　はい（笑）。そうね。

里佳　「ガールズアワード」とか「東京ランウェイ」とか。

パパ　よくご存知で。

里佳　それから、西には「カンコレ」「コウコレ」。

パパ　「関西コレクション」「神戸コレクション」ね。
里佳　まだあるよ。「シズコレ」とか。
パパ　「静岡コレクション」ね。この前、視察に行ってきたよ。
どのコレクションも、やっぱり**仕掛け側がお金をどこまで集められるか**っていうのがポイントになっているよね。
熱狂させるためには、それなりにド派手なショーにする必要がある。でも、ド派手なショーってお金がかかるから、そのお金をどう集めるかっていうことになるんだよね。赤字が続いちゃうと、できなくなるわけだから。開催不可となると、それまでの投資が無価値になってしまう。だから、リーダーが何が何でも黒字化して継続させるのは、超重要なんだ。

始めるよりも継続させるほうが難しい

里佳　イベントって、立ち上げるよりも、ちゃんと続けることのほうが難しいんだね。
パパ　継続するには、「何かを思いつく、実行する、それを成功させる、その成功させた利益を持って、次にまた投資して、成功させる」っていう繰り返しが必要。「よっぽど赤字でも踏ん張るぞ」っていうスポンサーとか企業の気合いがあれば続けられるけど、自走するには利益を生むようにしなければいけないね。

TGCも、実はオーナーがいろいろ変わっている経緯があるんだ。自走できないとオーナーが支えきれなくなって、別のオーナーに変わる。その繰り返しで何度もオーナーが変わった。だけど、今はちゃんと自走できてる。黒字でちゃんと走れるようになってきたんだ。

里佳　有名なだけじゃビジネスにならないこともあるってことか。

パパ　自走できるようになるまで10年かかった。

一方で、3、4年で終わっちゃうイベントもいっぱいある中で、赤字ながらも続いたのは、TGCにはすさまじいファンの熱量とブランド力があったからだと思う。「継続する」っていうのは、そういった熱狂してくれるファンの人への責任でもある。

里佳　そうだね。応援してくれる人もたくさんいるわけだし。

パパ　「鷹の爪」にしても今年10周年、「パンパカパンツ」も8周年を迎えるぐらい経ってる。

いまの時代は、何かを急速に流行らせるよりも、長く愛されるようにするほうが大切だし、難しいよね。実際、「すごく流行ったけれど、最近見ないよね」みたいなコンテンツやタレントも結構存在するでしょ？

里佳　あるね。じゃあ、コンテンツを継続させる秘訣ってなに？

パパ　コストを考えながらも、そのコストでは到底できないようなクリエイティブ力を発揮して熱狂を生み出し、有力なメディアなどのパートナーを巻き込んでいく。そういう「エコシステム」を作れるかどうかが継続のコツ。

その仕組みを作れなければ、単独でずっと頑張ることになって、無理。**有力なパートナーに「巻き込まれるに値するプロジェクトだ」って思わせる**というのは、すごく重要だと思う。だけど、コストをいっぱいかけ過ぎると必ず無理がきて、継続できないことになる。一方で、コストをおさえることを気にしすぎて、クリエイティビティがないと、魅力がなくなって誰も組んでくれない……。

里佳　ようするに、仕組みをつくらなきゃいけないってこと？

パパ　そう。でも、意外と欠けていることが多い。「おもしろいけれど自力でずっと頑張っちゃって、結局難しかったね」と終わっちゃうこともあれば、「巻き込んだけれども、コンテンツに十分な力がなくて、思ったより魅力が出せなかった」みたいなこともある。

里佳　たしかにね。どっちか一方になったら継続しない。

ビジネスとクリエイティブを両立させよ

パパ　**継続させるためには、ビジネスとクリエイティブが連動しなきゃいけない。**でも、ビジネスとクリエイティブって、水と油で相反するものだよね。それを仲良く追い続けなきゃいけないっていう難しさは、すごくあるよね。

里佳　ビジネスとクリエイティブかぁ。

パパ　お互い理解できない部分って、どうしてもある。でも、やっぱりそこを仲良くやる。ようするにチームを作るということが重要で。お互い信頼して、相手あっての自分たちなのだと理解すること。クリエイターとプロデューサーがうまくいかなくて現場が崩壊するプロジェクトって、意外と多いからね。

里佳　お互い仲良くやりましょうと。

パパ　そう。幼稚な表現になっちゃうけど、そういうことだね。

里佳　いま「流行り廃り」ってすごい早いよね？　このキャラ流行ったけど、いまは古いとか。だけど、パパが「長く親しまれるもの」にこだわったのはどうして？　どんどん新しいもの作ればいいいじゃんってならなかったわけ？

パパ　暗黒の三年間、コンサル業をやってるなかで、ハズブロさんとかとよく話をしたんだ。

里佳　ハズブロ？

パパ　アメリカの有名なおもちゃメーカーね。で、そのハズブロの人たちが、日本のマーケティングに対して、「なんでこんな状況なんだ！」って憤《いきどお》ってて。「ベイブレード」とか「ビーダマン」とかが、日本でワーッと流行って、テレビ番組とかが始まるよね。で、普通それが1〜2年ぐらい続くんだけど、視聴率が下がったり、あるいは視聴率が下がってなくても、おもちゃの売上が下がり始めて**ビジネスに黄色信号が灯ると、時期を見て番組もおもちゃも打ち切りにしちゃう。**で、別の新しいテレビ番組が始まっちゃう。そのときに、アメリカの人たちは困っちゃうんだよ。

里佳　なんで？

パパ　アメリカ全土って広いから、めちゃくちゃマーケティングコストがかかるのね。人口も多いし。だから、ものすごくコストをかけてブランディングしていく。そうやって知名度が上がったブランドは、ものすごく大切にするんだ。なのに、2年かそこらで「ハイ、次」って切り替わっちゃったら「こんなのについていけないよ」って思うのも無理はない。

里佳　ふーん、こんなにコロコロ変わるのは日本の勝手なのか。

パパ　「テレビの視聴率が下がってきたから」とか「おもちゃが売れないから」って、**作り手の**

一方的なロジックでしょ？　ファンはまだいるのに、もったいない。本来はもっとなだらかに人気や売上も落ちていくはずなのに、打ち切ることでガクンって突然なくなってしまう。テレビで放送終了した時点で、パタッてなにもなかったかのようにブームが終わる。世の中から消えちゃう。

「鷹の爪」が当初から意識していたのは「寅さん」

里佳　もし、自分がまだファンだったら、突然打ち切りなんてイヤだよね。

パパ　うん。ただ、すべてテレビに頼っていたら、こういうことは今後も起こりうるんだけど、いまはネットの時代だから。**仕掛け側の熱意や覚悟さえあれば、ネットの時代にパタッて終わるっていうことは起こりにくい。**

里佳　これからの時代は、アメリカのようにコンテンツを大事にしながら、ゆっくり落ちていく、あるいはなにかをきっかけに落ちてきたけれど、またボーンと上がって、またヒューッと落ちてきて、またヒュンって上がるみたいなことが起きうるんじゃないかな。

里佳　「隠れファン」とか「私だけはずっと魅力わかってます」的なファンもいるもんね。

パパ　そうだね。一回築いたブランドを大事にするっていうコンセプトは、今後重要なんじゃないかな。テレビが主流で、ドライにやってきたことを考え直す時期にきてる。かたや「寅さん」とかは、ずっとやっていて、偉大なるマンネリのなかで、すごい存在感もあるわけだ。愛すべきものを生み出して、それを多くの人が楽しみにしているってすごいよね。キャラクターとかアニメーションでも、そんな感覚ができたらいいなと考えてるんだ。

里佳　アニメで「寅さん的な存在」を？

パパ　そう。**「鷹の爪」は超初期のころから「寅さん」を意識してた**んだ。ネットの時代にパタッて止まるのは、作り手側がコンテンツを作り続けていればありえない。YouTubeで新作をやり続ける限り、そこまでの人気でなくても続けられる。もちろん「テレビでやっていたのが、今やYouTubeか、落ちぶれたな」なんて言われるのかもしれないけど。でも、絶対に作り手側が止めなければ終わりはない。

里佳　自分たちが諦めなければ、まだまだ可能性があるってことなのか。

パパ　そう。**コンテンツオーナーが自分たちで商品のライフタイムを決められる**というのが、いまの時代だと思うんだ。

里佳　「鷹の爪」も「寅さん」みたいに長ーく愛されるといいね。

里佳のまなび 17

狭くてもいいから「熱狂」を生み出し、それを続けていく知恵と覚悟が大切！

＊9　ブルー・オーシャン　151ページ
欧州経営大学院の教授、W・チャン・キムとレネ・モボルニュが著したビジネス書『ブルー・オーシャン戦略』(日本版は2005年にランダムハウス講談社より刊行)で提唱された概念。本書では、競争の激しいマーケットを「レッド・オーシャン(血の海)」、競争のない未開拓のマーケットを「ブルー・オーシャン(青い静かな海)」と呼んだ。

＊10　QBハウス　151ページ
キュービーネット株式会社が運営するヘアカット専門店。「税込み1080円」という低価格のヘアカットが人気となり急成長。現在、国内外に400店舗以上を展開している。

＊11　東証マザーズ　156ページ
東京証券取引所が開設しているベンチャー企業向けの株式市場。東京証券取引所は、日本最大の金融商品取引所。

＊12　TGC(東京ガールズコレクション)　158ページ
2005年に始まった日本最大級のファッションイベント。若者に人気のモデル、タレントが多数出演するド派手なショーは年2回のペースで開催され、その熱狂は衰えることを知らない。

＊13　「パンパカパンツ」　159ページ
2008年に静岡放送とDLEの共同企画としてスタートしたキャラクター。一度見聞きしたら忘れられない歌とダンスでたちまち大人気に。特に静岡県では知らない人はいないと言われている。そのLINEスタンプは世界7カ国で1位を獲得するなど、現在は世界的人気キャラクターとなっている。

5時間目

これからの働き方を考えよう

ネット時代のチームマネジメントと人間関係を学ぶ

インターネット時代のチーム構築

社員を抱えるというリスク

パパ　いまは誰とどうやって仕事を進めてるの？

里佳　外部の人にお願いしたり、あとインターンの子が3人いるから彼女たちとやったりしてる。

パパ　大学生だっけ？

里佳　そう。大学生がふたりいて、高校生がひとり。

パパ　どうやって見つけたの？

里佳　「この人、こういう仕事に興味ありそうだな」って思った人に、私から「一緒にやらない？」って声をかけて、ジョインしてもらった。

パパ　そうなんだ。「社員を雇おう」とか、そういうイメージってあるの？

里佳　雇わないと、やっぱり上場できないなとは思ってるけど。

大学生になったら社員を雇ってもいいかなー。ちょっと前なら、雇ったとしてもその子たちにお願いする仕事がないって感じだったけどね。以前は自分だけの会社だったから、自分がやって、全部完結しちゃうみたいな単純な話だったから。

でも最近は、アプリを作るときに、いろいろアイデアを出してもらう人とか、プログラミングができるエンジニアとか、いろんな役が必要になって、彼らに役割を与えられるようになった。そうやってなんとなく「社員を雇う」っていうことが、イメージできるようになってきたかな。

パパ　でも、里佳の**「人を雇わずに外部に任せる方法」って、すごく「いまっぽい」**と思ってるんだよね。

里佳　いまっぽい？

パパ　「上場する」ってなると、管理系の社員が社内にいることがとても重要になってくるけど、いまみたいな攻める時期はそうではない。たとえば、アプリの開発にあたっては、プログラマーや宣伝をする人って、社員である必要はまったくない時代だよね。

むしろ社内に抱えられる人って大したことなくて。特に里佳の会社みたいな、どベンチャーに、日本を代表するプログラマーみたいな人が、わざわざ来るとは思えない。「信頼もない、金払いも少ない」っていうところには、やっぱり現時点で「優秀だな」と思えるような人はなかなか来ない。

里佳　うーん、いま雇おうとしたら、そうかもね。

パパ　そうなると、社外の活きのいい人に声をかけるほうが、よっぽどすごいアイデアを出してくれたり、いい仕事をしてくれたりする可能性が高い。
今の時代、「社員を抱える」って、ものすごいリスクだよ。むしろ抱えないほうが、柔軟性に優れたすごい組織になるし、そういう組織から素晴らしいものが生まれるんだと思ってるよ。

里佳　じゃあ、パパは社員が増えることにむしろ悩んでる？

パパ　うん、その悩みはあるかな。
たくさんのスペースを毎月賃料を払って借りて。はたして、**本当に物理的にここにいる必要があるほど、僕たちって密にコミュニケーションしてるの？**　みたいなことは考える。たいていみんなパソコンに向かってて、それなら家でもできるよね。「ちょっとあれ、どうなってるの？」みたいな話は、別にスカイプでもできるし。

里佳　ホント、完全にそうだよね。

「ミニマムオフィス」が最先端

パパ　だからこのオフィスで、「本当にみんな大切な時間を一緒に過ごす必要って、どれだけあるの？」ということを考える必要があると思うんだよね。

あるいは、「どれだけの人が、僕と密にコミュニケーション取るほどの側近なの？」みたいに感じるようになった。実際のところ、該当するのはたぶん4、5人。だから本当に会社って、極力ちっちゃくしていいんじゃないのかな。

里佳　じゃあ、ミニマムで始めた方がむしろいいんだ？

パパ　うん。だから、いまから始める人は、ちょっとうらやましいな。いたずらに規模を追わないでいいし、「社員がひとりしかいないから恥ずかしい」とかそんなことを思う必要は全くないから。

里佳　パパは昔は思ってたの？　ひとりじゃ恥ずかしい、って。

パパ　かなりね。ひとりだからオフィスも構えられない。これがすごく恥ずかしくて、人に言えなかった。「社員何人？」っていう質問が、一番嫌な質問だったかな。

ソニーという16万人の会社に勤めていたのに、そこから一転。すっごい屈辱だったんだよね。でも、それはその当時の考え方で、今だったら「え、ひとりの会社でこんなブランド力を持った会社なの？　すごくない？」みたいなことになる可能性があるでしょ。里佳が今後いろんなアプリをある程度成功させたときに、**「椎木里佳さんって、ひとりでこれをやってるんですか！」っていうのが、むしろ売りになる**よ。

里佳　「こんなに人いるのに、成果これだけ？」よりも全然かっこいい。

パパ　「上場に向けて、管理はこれから数人雇うかもしれないけど、私はこのモデルのままで、行けるところまでひとりで行きます」みたいなほうが、すさまじく「今風」だと思う。

里佳　いまエンジニアとしてお仕事を頼んでいる人は、渋谷の超いわくつきのシェアオフィスで働いている外部の人なんだけど……。

パパ　いわくつき？　いわくつきって、マイナスな意味だよ。いわくつきなの？

里佳　超いわくつき、本当に賃料が安い。ある企業が超どベンチャー用に貸し出しているシェアオフィスなんだけど。
いまお願いしようとしているのは、あるどベンチャーの会社の社員4人で、しかもその4人が全員男で一緒に超狭い部屋に住んでる（笑）。どこの青春マンガだよ、みたいな状態。
そんな彼らに話を持っていったら、「うちのサービスにコンサル的なことをしてくれたら、タダでやりますよ」って言ってくれて。それって、普通の大きな会社だったらありえないことでしょ？　「二〇〇万でやりますよ」とか言われちゃうレベルなのに。しかも、柔軟性とかクリエイティビティの面では、全然どベンチャーの子たちの方がいい。若さもあるし、対等な関係で接してくれるしね。

パパ　それはおもしろいね。

里佳　そう。その子たちは、別に私の会社に入る意味もないし、一週間に一回会って、用があるときは電話でOK。全然不自由なく仕事できてる。

パパ　今後はそういう関係が増えてくるだろうね。**プロジェクトごとにコラボレートする**みたいな。物理的にはつながっていないけども、ネットを通じてコミュニケーションできるし、常につながってるから問題ないよね、っていう。

むしろこれからはそういう形にしないと、組織ってどんどん弱くなる気がする。過去の呪縛《じゅばく》だろうね、パパの会社みたいにオフィスを構えて、どんどんオフィスがでかくなった方がいいっていう発想は。

リクルートはフェイスブックで数秒

里佳　どんどん働き方も変わっていくのかな？

パパ　うん。経営を勉強すると「ヒト、モノ、カネの配置を考えなさい」みたいなことを言われるけど、その概念を急速に変えないとまずい状態なのかもね。

里佳　すごく面白かったのが、シェアオフィスに行ったときに、机の島ごとに「株式会社なんちゃら」、あっちの机が「株式会社なんちゃら」みたいな感じで、どベンチャーが5社とか6社ぐらい、狭い空間にドドドッてあったの。だから、話はつつ抜け。で、私がひとつひとつの机にあいさつに行って、「いま、エンジニア探してて、いい人いませんか？」みたいな話をすると、**「いい人いるから、フェイスブックでつなげますね」って、数秒で話が決まる**のね。「じゃあ、僕と仲のいい、腕利きのデザイナーも連れてきます！」みたいにどんどんその場で決まっていく。

パパ　それが今の時代のスピード感か。一瞬でチームが膨らんでいくのね。

里佳　ワンフロアで5社ぐらいの人とアプリの話ができて、かなりすごいメンバーが開発してくれるってことになった。しかも利益は折半方式だから初期費用は全部タダ。「とんでもないな！」って思って。すごい時代だよね、本当に。

パパ　そう考えると、狙ってたかどうかわからないけれど、里佳が考えてた「若者代表みたいなキャラクターに自分を仕立てていく」ことは重要な戦術だったよね。「あの日本の若い女の子を代表している椎木里佳と、なにか一緒にビジネスをしてアプリとかを発売したら、自社で作ったサービスをより多くの人に使ってもらえるんじゃないか」みたいな期待を担えるわけでしょ？

里佳　たしかにね。だからこそ、「タダでも関わりたい」って言ってくれる。

パパ　**お金がなくても、こちらに価値があれば、そこで取引ができる。**仕事とお金のトレードじゃなくてね。「これやってくれたら、これやりますよ」って。

里佳は起業してしばらくの間、ビジネスモデルを模索しながら試行錯誤していたけど、いまの話のような「タダでも関わりたい」とか「すごいスピードで仲間が増えたり、ビジネスが膨らむ」とかって、いろんなメディアに露出したからこそ生まれてきた「化学反応」だと思うんだ。だからやっぱり無駄なことってなにもない。

里佳　こういう展開になるとは、なかなか想像できなかったけどね。

パパ　とにかく、**感謝と謙虚さを持って全力で動いていれば、そのときの行動は絶対に裏切らないんだよ。**

里佳のまなび 18

これからの経営は
スピード勝負。
外部の優秀な人に
お願いするなど
柔軟にチームを作ろう！

これからの時代に最強の働き方

千手観音を目指せ

里佳　これからは、どういう社長が最強なのかな？

パパ　この前京都へ行ったとき思ったんだけど、「千手観音的な社長」がいいと思うんだよね。

里佳　千手観音？

パパ　ようするに、手足がブワーッてある。手ももちろんだけど、足もいっぱいあったほうがいい。**「有能な手足がブワーッて千本ぐらいあって、でも、頭はひとつ」**みたいなイメージかな。

里佳　千手観音って頭も4つくらいなかった？

パパ　そうだったっけ？　まあ……。そんな細かいことはいいんだよ。

「この情報とこの情報をつなげたら面白いアイデアになるんじゃないか」ってことを「ひとつの頭で考える」のと「500の頭で考える」のとでは、やっぱり**ひとつの頭で500人分考える人の方が、絶対ものすごい化学反応を起こせるはず**で。

里佳 やっぱり500の頭で考えると、500人がどれだけ密に連携していても、やっぱりしょせんは他人の頭だから。480番目の人がたまたま出会った情報が、3番目になにかをやっている人と、本当はすごい化学反応を起こして世の中に新しい価値を生めるかもしれないのに気付けない。どんなにこの人たちが密にコミュニケーションしていても、他人の頭ではなかなかそれは難しい。

パパ ひとつの頭だったら、自分の中で処理できるから……。

そう。ひとつの頭だったら、「これとやったらすごいことになるんじゃないの」って、思いつくことができる。一般企業や団体がスルーしちゃう、大人数だとなんにも化学反応が起こらないようなことを、より少ない頭が考えるからこそ、世の中にないサービスとか商品とかを生み出せると思うんだよね。

だから今後は、そういう千手観音みたいな社員を何人抱えられるかが勝負じゃないかな。

里佳 社員も千手観音？

パパ 社長だけじゃなくて、千手観音が何人会社にいるかが重要。

里佳　パパの会社でもそれを意識してるの？

パパ　そうだね。千手観音みたいなプロデューサーがたくさんいればいるほど、うちは強くなると思ってる。

手を10本、20本持って、いろんな情報を得ていく。ライセンシングのこと、海外のこと、ネット業界のこと、アニメ業界のこと、キャラクター業界のこと、ありとあらゆる人脈、ITのことをわかった上で、「このLINEのサービスを使って、このマンガ業界のこの人と、ファッション業界のこの会社を引っ張ってきたら、こんな新しいことができるよね」的な発想を、全部ひとつの頭で考えてほしいと。

里佳　たしかに、そんな人がいたら会社は自然と発展しそう。

パパ　だから、みんなには営業もやれ、ライセンスもやれ、クリエイティブもやれ、ありとあらゆる経験をしろということを仕向けている。

これから勝ち続ける会社というのは、マルチな方面の業務ができ、そこで活躍できるマルチなタレントを、自社内で育てられなきゃね。**プログラマーとかのスペシャリストは社外の輝く人を活用してもいいんだけど、「何と何をどうつなげるとすごいことが起きるのか」を考えるプロデューサーは社内に抱える。**自分の会社の強み弱みを理解し、業界を超えた人脈やノウハウ、知識があった上で、自信を持ってそこをつないでいくという仕事ができる人や組織って絶対強いと思うんだ。

個人の力がエンパワーされる時代

里佳　やっぱネットが普及したことで働き方も変わってくるよね。

パパ　うん、まったく変わってくると思う。

フラッシュアニメが登場した経緯を考えるとわかるんだけど。インフラの発達、ソフトの発達によって、個人がものすごいエンパワーされた。それで、フラッシュアニメも出てきたのよ。

里佳　エンパワー？

パパ　個人の力が強化されたってこと。今まで百人でつくっていたものを、ひとりでできるようになったわけだから。フラッシュアニメの場合には、アニメーションソフトが開発されたことが大きかったんだけど。で、じゃあ、ひとりで作ればいいじゃんってなった。**パソコンやスマホの普及によって、ひとりがものすごい仕事量とか、あるいは人脈とかを持てるようになった**よね。

里佳　たしかにね。いま「こういう人紹介して」って言ったら、すぐつながるしね。

パパ　昔だったら「紹介して」って言っても、3日後にその人に電話して、実際紹介されるのは2カ月後みたいな感じ。

里佳　遅っ。

パパ　そういうものが一瞬にしてつながって、2カ月かかるところが2、3分でできるようになったわけだ。そういう個人がエンパワーされている時代なのに、日本企業を見渡してみると、未だに個のエンパワーがまったく関係ない組織構造だったりする。10年前とか20年前とあまり変わらない組織図で、会社が作られててね。百人いる会社は二百人いる会社よりも、できることが少ない、みたいな計算をする。その時代ってとっくに終わっているんじゃないかなと思うんだよね。

里佳　まだそういう会社ってたくさんあるんだ？

パパ　うん。だから**組織が大きいから強いとか、組織の売上を5割上げたいから、人数も5割上げるとかって、ダメな企業の典型的発想**だと思うよ。

里佳　比例していきそうなものだけど、させちゃダメなの？

パパ　うん。比例させちゃ、まったくダメだよね。むしろそれは反省すべきことだと思う。だからいま、パパは反省中。組織を大きくしすぎたなと思ってる。

なぜオフィスにいなくてはいけないのか？

パパ　一時期、会社の人数が増えたからオフィスを引っ越す話も出たんだけれど、僕たちはむしろ、これからは会社にスペースを空けていく方向にするべきじゃないか、ってことになったんだ。「在宅でできることは在宅で」とか、フリーアドレス[*14]も進めてるしね。働き方も変えていかないとダメだよね。

里佳　これからまだ、どんどん変わりそう。

パパ　採れる情報や働ける量が増えた上に、つながっている人が社内だけでなく社外にも無限に広がっている。国境を越えたり業界を越えたりもしている。物理的じゃなくて、ネットワークによって、つながっているという時代。**物理的に集まっていないとできないことって、たぶんどんどん減っていく**んじゃないかな。

里佳　ほんとにそうだよね。「このオフィスにいる時間なに？」って思う人が絶対どんどん出てくるはず。

パパ　オフィスで一緒にいさせるのなら、「会社にいさせる時間」を本当にコミュニケーションが必要なものだけにさせるということじゃなきゃダメだと思うんだよね。そうしないと、若い人に納得してもらえないよね。「メールでいいじゃん」みたいな。

里佳　ほんと、そう。このあいだイベントの打ち合わせしたときに、紙を渡されて、それを読むだけの会社とかあったよ。

パパ　まあ、あるだろうね。

里佳　ただただ資料を上から読み上げていく。「メールでよくない？」とか思って。昔から体制が変わらないところは、そういうのがあたりまえ。打ち合わせをやることで「仕事した〜」みたいに満足しちゃう部分があるんだと思った。その感覚が本当に違い過ぎて、どベンチャーの子たちと話したあとだと落差がすごいんだよね。

パパ　まだ多いかもね、そういう会社。

里佳　あと、ひとりでなんでもできる人が増えているのはたしかだね。プログラミングをやって起業したみたいな子がけっこう多くて、かつ経営のこともわかってる。だから一人で「CEO＋CTO＋COO」[15]みたいな、本当に全部できちゃう。必要なのは、それを補う人たちだけ、みたいな感じ。

パパ　そうね、本当にいろいろできる人が多くなってる。それはソフトとかハードの発展が、そういうマルチ型の人材を作ってるし、エンパワーしてるんだろうね。ただ、時代の寵児《ちょうじ》みたいな、マルチにエンパワーされた人もいれば、一方で逆行している人もいるよね。

里佳　うん、わかる気がする。

パパ　今日、大学生から企画提案のメールが飛び込みで来たのね。「一度時間を作ってもらえませんか？」って言われて、「会う前に一度資料を送ってください」って伝えたんだよ。そうしたら、「郵送ですか？　ＰＤＦですか？」って話が始まったのよ。

里佳　はあ……。

パパ　いちおうそれにも丁寧に、「どちらでもいいのですけれど、ＰＤＦでいいですよ」って言ったら、「宛名の書き方はこれでいいんですか？」って。これ無限地獄じゃん、と。でも、実はそういう人がすごく増えているんじゃないかな。丁寧なのかなにかわからないけど、思考回路がむしろ減ってしまってる人。ネットによって、ものすごくエンパワーされた人と、むしろ**機械の発展によってすぐ聞くとか、まったく考えないって人が出てきている。**

里佳　ホントに聞くよね。たぶんツイッターのせいだと思うけど、リプが音速で送れるじゃん。リプを返すの、めちゃくちゃ速いし、だからその感覚で、たぶん尋ねてるんだよね。私、今、ＪＣＪＫ調査隊の三期募集をしてるんだけど、その質問が、ものすごいツイッターで来て。「応募は、生徒証がないとダメですよね」みたいな。いや、募集要項に「生徒証がないとダメ」って書いてあるから！　って。「自分で読めよ」っていう感じの質問とかものすごい来る。質問することへのハードルが超低い。

パパ　読むのが手間なんだろうな。

里佳　1から10まで言ってもダメみたいな。

パパ　読むのが手間だから、読むよりも質問したほうが早いって発想だよね、そういう人ってたぶん。

里佳　そうかも、それもある。

パパ　読むのは長いから、質問して、とりあえず聞く。自分が疑問に思ったことは質問しちゃえって思っちゃう。これはどうしたらいいかという、想像力もない。

里佳　書いてあるから読まなきゃ失礼とか、PDFか郵送かって、たぶん大きな問題じゃないから、送ってなにか不手際があったら、逆に連絡あるかなとか、そういうところが考えられない。

パパ　そうだよね。**「技術にエンパワーされる人」**と、**「技術で力をむしろ失っちゃう人」**と、そういうふうに分かれていくかもしれないな。

インターネットで伸びる人、落ちる人

里佳　これまで以上に力をつけられる人と、むしろこれまでできたこともできなくなる人。差がすごくなるね。

パパ　うん、本当にね、いろんな意味で二極化って進むかもね。「裕福な人」と「裕福じゃない人」とか、「時代の寵児」と「時代に乗っているようでいて実は劣化している人」みたいな感じで。

里佳　劣化しちゃった人は、機械的な仕事しかできなくない？

パパ　自分で思考しないで、他人に頼ちゃってるからね。そうすると、結局自分の思考はどんどん劣化していく。今の時代、それで生きていけちゃうんだよね。自分が思考せずに、ネットとか他人に思考を委ねるというのが。
一方ですごい知識欲や成長欲のある人にとっては、世界の最高水準の知恵ともつながれる。

里佳　そうすると、ものすごい差ができる。

パパ　ものすごい大きな発想もできるし、本来自分が考えなきゃいけないことを他者に頼るこ

とによって、本来よりもよっぽど小さいことしか発想できなくもなる。考えると、この振れ幅ってすごい。

里佳　私、「意識高い系」と「意識低い系」が、すごいことになってるって感じるよ。ＪＣＪＫ調査隊の中でも、ものすごく「手伝いたいです！」って言ってきてくれる子はいるけど、直接会って、「どういうことやりたいですか？」って聞いたときに、「・・・」みたいな。「考えてこなかったのかよ」っていう。「さっき手伝いたいって言ったけど、どんな仕事を手伝いたいの？」って言うと、「別に、椎木さんが指示してくれれば、なにかやりますので」って感じ。

パパ　「これがしたい！」っていうのがないんだ……。

里佳　なにかしたいことがある人にとっては、すごくいい時代かもしれないけれど、**したいことがない人にとっては、悪く言えば「利用されて終わる」可能性もある**よね。インターネットを利用して大きいことをやる人もいれば、それを利用するんだけど自分は考えないで、人生お任せみたいな人もいる。インターネットって、どっちの人にも便利だから怖いなって最近思うよ。

パパ　ネットって言っても、ただの道具だからね。

里佳　使う人次第だね。

里佳のまなび 19

「人と人」
「アイデアとアイデア」を
上手につないで
大きなことを
成しとげよう！

どうやって有力なパートナーを巻き込むか

ボローイングパワーで成功した「鷹の爪」

里佳　そういうパパはなんでもできる人だったの？

パパ　僕はどちらかと言えば、いろんな人を巻き込んでうまくいった方かな。常に「いかに人を巻き込むか」ということを大事にしてきたからね。

たとえば、「パンパカパンツ」というキャラクターを世に出そうと思ったとき、基本的には「ひとりじゃなにもできない」っていう発想から始まってる。**いかに人を巻き込むか、どうやって有力なパートナーを巻き込むか**というのが大切なんだ。

里佳　いろんな人の力を借りて……。

パパ　そうそう。

「鷹の爪」もTOHOシネマズさんに、「タダで面白いもの作ってくれるならマナームービーをやってもいいよ」と言われて、彼らのメディアパワーで人気を広げてもらった。ここから「ボローイングパワー(他人の力を借りる力)」というか、Win-Winの大切さを学んだよ。「僕たちがコンテンツをタダで提供するから、メディア使わせてください」というようなかたちで成功したからね。

里佳　どっちにとってもメリットがあるようにしないとダメなんだね。

パパ　それが「巻き込む力」だね。
アニメって通常は、月に一千万円以上の「メディアフィー」を払って、テレビ局で放送してもらう。これを六カ月やれば六千万以上。一年やれば一億二千万以上になるよね。
そうなると、お金がいくらあっても足りない。
結局、「鷹の爪」の成功は、テレビで目立ったうえで、TOHOシネマズの幕間で流してもらうようになったから。**メディアに長く載せてもらえるということが人気を広げる上で重要**なんだ。

里佳　お金を払うだけじゃなく、コラボしてもらう方法を考えるということか。

パパ　うん、本来ならば何千万とか何億って払わなきゃいけないものを、タダでやってもらう方法ってなにか。メディアパートナーにとって「露出する代わりにどんなメリットがあるか」っていうことを考えて、Win-Winの関係を築くことが大切だね。

里佳　静岡で人気の「パンパカパンツ」はどうやって広がっていったの？

パパ　**テレビ局にとって「人気の自社コンテンツ」や「放送外の収入」ってとても大事**なのね。東京のキー局には不動産収入や映画の収入、キャラクターの収入とかがあるんだけど、地方のテレビ局にはあまりない。静岡放送さんもそんな地方局のひとつだった。そんななかで「コンテンツを一緒に作りましょう」と、東京で実績のある僕たちが現れた。我々としても、彼らのメディア力をできるだけ利用したい思いがあったから、まさに相思相愛。だからこそ、タダで何年間も番組ができる状況を作り出せて、成功できたんだ。

里佳　そっか、静岡放送さんとパパの会社がWin-Winになったんだ！

東京ガールズコレクションも地方への横展開を狙う

パパ　僕たちがいかに彼らの欲しがるものを提供できるかが重要だった。実はこの方法は、どんなジャンルでも有効。だから、今後「東京ガールズコレクション」を地方に広げるときに、そういうメディアパートナーさんを見つけようと思ってるんだ。

メディアパートナーさんが、東京ガールズコレクションを「責任持ってやるので、長期に渡ってぜひ任せてほしい」って思ってもらえるような仕組みをつくる。東京ガールズコレクションの場合は、地方にも認知度が高いから、かなり可能性がある。僕たちが自力でやろうとしたら、「静岡に社員10人必要です」「宮城にまた社員が10人必要です」みたいになっちゃう。

里佳　頑張ってやってもらえるような仕組みをつくる？

パパ　本当に強いメディアパートナーさんが、自分のものとして地方で責任を持って、イベントをやったり番組を作ったりして、お金をボーンって稼いでくれる。そうやって、勝手に各地でどんどんやって、儲けてくれるような仕組みをつくりたい。
もちろん、彼らが活動する際に「これはOK、これはNG」というような、ブランドイメージを守るようなガイドラインを事前に伝えて守ってもらうことは大前提。ブランドが傷ついたら元も子もないからね。

里佳　「パンパカパンツ」とか「鷹の爪」と同じようなパターンでいきたいってことね。

パパ　そう。これはアジアとか海外に持ってくときも発想はまったく一緒。
彼らからすると、東京ガールズコレクションは、「これこれこういうかたちで利用できて、儲けられるから、5年、10年続けよう」と思ってもらえる。我々からすると、「メディアにお金を払わずして、5年、10年露出し続けてもらえてありがたい」っていうことになる。

何度も言うけど、そういったWin－Winの関係を築き、レバレッジの利いたビジネスを国内外に向けてやるべき時代じゃないかと思うんだよね。

里佳　自力だけでやるより成功の可能性が大きくなるってことか。

パパ　うん、小さな組織でありながら、大きなことをやろうというときに、自前の社員だけだと本当に限定的。**ビジネスの規模を大きくしたいと考えたら、パートナーとか、優秀な外部の人を巻き込めば、やみくもに社員を増やさなくても大きなことはできる。**それが、DLEが最小限のコストでコンテンツを生み、ヒットに仕立て上げる秘訣なんだよね。

まあ、もちろん、中には失敗するものもあるけど、自分たちだけでやろうとするよりも、多くの人を巻き込んだほうが成功確率も上がるし、いいものも増える。そこをやらない手はないなというのが、いまの僕の考えかな。

里佳　でも、そんなにうまくいくかな？

パパ　そこをうまくいかせるのが仕事だよ。これから真価が問われるね。

↓「Win－Win」については付録13を参照

里佳のまなび 20

外部の人が「巻き込まれたくなる」ようにビジネスを設計しよう！

スタートアップは人を選べない

夢を語ってだますしかない

里佳　さっき「社員を抱えるのはリスクだ」みたいな話もしたけど、パパの場合はどうだったの？　会社を軌道に乗せるために「どんな人を雇うか」ってとっても大切だと思うんだけど……。

パパ　人によって会社は栄えもするし滅びもするから、とっても重要だよ。でも、スタートップベンチャーって実はほとんど人を選べないのよ、ぶっちゃけ。

里佳　そうかな？　インターン生、みんな優秀だよ！

パパ　里佳は、超恵まれているよ。会社を立ち上げ、いろんな幸運もあって、テレビに出たり、新聞に取り上げてもらったりして、結果、「若者を代表する人物の一人で発信力のある

「会社経営者」というブランドができた。そうすると「一緒になにかやりましょう」って言ってくる人も自然に現れる。才能ある人も「やりましょう」「ぜひ成功させましょう」って出てきてくれるよね。それって、すごくラッキーだよ。

起業当時の僕なんて信頼もブランディングもゼロ。

里佳　そんなだったの？

パパ　うん。ゼロというかマイナスの状態だよね。

会社も赤字体質でファイナンス力もなく、いつ会社が解散するかわからない。社長は元ソニーらしいけれど、いまは関係ない「ただのオッチャン」だよね、みたいな。そこに自分が求めるような優秀な人材が来るかっていわれると、普通は絶対来ないんだよ。100パー来ない。

里佳　そんなひどい状況のスタートだったんだ……。

パパ　二人の子どもを抱えて会社辞めて、こんな状況のスタートだったなんて、いま考えるとゾッとするよ。

里佳　パパ頭悪かったの？　一人で飛び出すなんて！

パパ　だから本当に信頼できる優秀な事業パートナーを社内とか仲間内から見つけて、数人で起業するのは有効だよね。でも、**起業してからの採用では、思ったような人はリクルー**

トできないっていうのは思ってたほうがいい。

里佳　せっかく雇おうと思っても、いい人雇えないんだ？

パパ　いい人材を確保するって、本当に超大変なのよ。

里佳　じゃあパパはどうやって、いまも一緒に働いてる優秀な人たちに来てもらったの？

パパ　それは**めっちゃ夢を語って、だますしかない。**

里佳　だます⁉

パパ　夢を語って、必要があればある程度のお金をちらつかせて（笑）。人によってモチベーションが上がる部分がぜんぜん違うから、相手にどうやって話せば、「この人に付いていってもいいかな」と思ってもらえるか、というのを嗅ぎ分けながら口説くっていう。

里佳　詐欺《さぎ》だな（笑）。

パパ　そのとおり！　でも、ほんとに実力があって尊敬できるような人に入ってもらうには、かなり詐欺的なところがないと無理だと思う。「あなたのためなら、ここまでするから！」とか、「うちの会社はこうなるから！」とか、ひたすら夢を語る。
相手の話をいろいろ聞くうちに、「奥さんが出産間近で、いま貯金がなくて困ってる」みたいなことを嗅ぎつけたら、「じゃあ、ちょっと契約金で、最初に前金で50万出すから」って言ったりね。実弾勝負だわ、ある意味。

「鷹の爪」の作者はこうして口説いた

パパ　「鷹の爪」のクリエイター、フロッグマンはいちばん最初の詐欺の被害者だね。会った第一声で「一緒に海外行きましょう！」と大きな夢を語ったり、すぐに金が必要と見るや、「契約金という形で、先払いで今週中にはお金振り込むから！」って言って。彼はそれにだまされた（笑）。

里佳　まあ、信頼したんでしょ。

パパ　そうだね、ラッキーなことに信頼してもらえた。
彼は当時からネット界ですごく有名で人気があったから、いろんな会社から、「次は一緒にＤＶＤを出しましょう」って誘われてたんだよね。その頃は「スキージャンプペア」[*16]がすごく流行った時期で、個人作家のＤＶＤが売れるっていうので、いろんな企業が「製作費出すから、ＤＶＤを作りましょう」みたいな話を彼にしてたわけ。

里佳　引っ張りだこだ。

パパ　でも、彼にとっては「一作品やっても、売れなければ次回の依頼はなく捨てられることも十分ある」っていう不安があった。フリーランスの人の恐怖って、「本当に一年後の自分はちゃんと食えているのか」とか「いまより安定的な状態になれているのか」とか、そういうことだから。彼は安定を求めてたんだよね。

里佳 で、弱みに付け込んで。

パパ 言い方悪いね〜(笑)。でも、明日の自分がわからないくらいの暗黒時代を3年間経験した僕自身もその不安については十分理解できたんだ。

当時は増資[*17]をしたのもあって、キャッシュも多少あったから、ポンと「前払いで払います」とか、「過去の作品含めてウン百万で買いますから」とか言ってね。彼の中では「この会社、金払いもいいし、椎木は自分にないものを持っているし……いいかな」みたいに思ってくれたみたい。で、だまされてくれた。

里佳 ズルい！

パパ でも、**経営者って特に営業とか採用の場面で、そういうハッタリとか、大きなことを語るとか、実際に相手が求めているものをうまく補完するとかって、すごく重要**だと思うよ。

里佳 相手の弱みに共感しつつ、実はつけこんで、さらには大きな夢を一緒に見ないか、みたいな……完全な詐欺だ。

パパ 紙一重だわ、本気で。

里佳　でもまあみんな、だまされてよかったわけだけどね。

パパ　そうね。でも、何もコンテンツがヒットしなかったりとか、会社が解散になったりしたら「完全にだまされた」って、全員が思っただろうな。
「上場する、上場する」って、フラッシュアニメのスタジオを始めるころからずっと言っていたし。この言葉を信じてくれた人は、最終的に上場していなかったら「だまされた」と思っただろうし。だから壮大な詐欺作業だと思うわ、ホント。

里佳　私も詐欺師的な遺伝子があるのかしら。ちょっと複雑……。でも「社長にだまされてよかった」って思われるように、リーダーとして全力で頑張るよ！

里佳のまなび 21

知名度のないベンチャーは優秀な人を雇いにくい。夢を熱く語って、上手に「だまそう」。

ベンチャーは詐欺と裏切りの歴史

先のことなんて誰にもわからない

里佳　パパは上場するまでのステップみたいなのは最初から見えていたの？　もしくは、「1年後はこうなっている」「5年後はこうなっている」みたいなビジョン的なものは細かく考えてた？

パパ　そもそもエンターテインメント企業は、いつヒットが出るかわからない不安定な業界にあって、上場にいちばんふさわしくないもののひとつなんだ。エンターテインメント企業で「上場する」って言い放ってる人って、常識人だったら「この人、絶対2、3年後に業界にいないよね」と思うはず。それぐらい、エンターテインメントって先が読めないのよ。

里佳　思い出した！　私が小六ぐらいからずっと、「今年は上場する」って、言ってたよね。年末に私が「今年上場しなかったね」って言うと、「いや、来年するから」って言って、それをたぶん4年ぐらい。ずっと詐欺されてたよ。結局、高一だっけ、上場したの。だから4年ぐらい「上場するする詐欺」をされたんだよ、みんな。

パパ　実は、もっとかな。6年間ぐらい。詐欺っていうか、まだぜんぜん発展途上だったから。

里佳　「本当にするの？」みたいに思われてたんじゃない？

パパ　そうね。一回「鷹の爪」がドーンと当たって、それからいろんなテレビシリーズをやって「上場いけるかも」って思った矢先に、売上がドーンと下がったからね。

里佳　なんで？

パパ　それもやっぱり目算違いの大きな敗北があって。リーマンショック[*18]の年にね。

里佳　ドカーンと？

パパ　うん、下がった。そのときは、債務超過[*19]ギリギリ、いわゆる倒産可能性がすごくあった。でも、そんな時期でも「きっと上場する！」って言い続けていたね。家でも、会社でも。

里佳　社員の人たちは会社が危ないって知ってたの？

パパ　いや、「上場がちょっと延びるけど……」ぐらいしか言ってない。そんな弱音は絶対吐かない、**詐欺師だから。**

上場を求めて入社した人はピンチのときに辞めてしまう

里佳　じゃあ、パパ以外、誰も会社の危機には気づいてなかった？

パパ　もちろん管理というか、ちゃんと日々数字を見てるうちのＣＦＯ（最高財務責任者）とかはわかってたけど、本当に限定的な社員しか知らなかった。「会社が危ない」となると、そこで裏切りとかも出てくるからね。慎重にね。ベンチャーって、ほんと「詐欺と裏切りの歴史」だと思ってるから。

里佳　裏切りって何が起こるの？

パパ　上場をガーッて目指しているときって、人がそれなりに寄ってくるんだよ。「私も社長の夢の実現に協力したい」とか言ってね。でも、ボーンって会社が落ち込むと、「これは、しばらく上場できないな。というか、むしろこの会社ヤバくね？」みたいなことを思う人がかならず出てくる。「債務超過＝黄色信号」というか「赤信号」に近いからね。で、一刻も早く会社から離れて自分でやったほうがいいって思う人は、辞めちゃう。クリエイターを引き抜いて出ちゃう人とかもいる。そこらへんには非常に大きな裏切りを感じた。

里佳 クリエイター引き抜くなんて、エグい！

パパ ベンチャー第一章が「立ち上げ大変だよね」ってことだとしたら、この時期は第二章。第二章は「裏切りの歴史」だ。

そのまま会社が順調に成長していけば何も問題はない。でも、「上場できないかも」っていうピンチの局面になると、「上場するかもしれないから入社した人」は離反する。上場によって利益を得ようという理由だけで会社にいた人はいなくなっちゃうんだ。

里佳 でも、立ち上げから一緒にやってて、信頼していた人たちは残ったでしょ？

パパ 「椎木を信じてみよう」っていう人は残ってくれた、ある程度、会社の調子がよくなってから入社した人は、やっぱり離れた。けっこうドロドロしているんだよ。栄枯盛衰で。

里佳 えー、じゃあ今後もどうなるかわからないじゃん。

パパ うん。いまだけ切り取れば、それなりに順調だけど、本当に3年後とか5年後にどうなってるかはわからない。だから本当に**どこを切り取るかによって、自分が幸せかどうかって変わるんだよ。**人生ってものはわからない……。

だから僕が一番好きな言葉は、**「人間万事塞翁が馬《にんげんばんじさいおううま》」**なんだよね。だから、いいことがあってもそれが次の悪いことへの予兆かもしれない。上場して、ある程度お金を持ったことで「すごくよかったですね」って言われるけど、実はそのお金を持ったことによって、たとえば一家離散する羽目になるとか、その可能性もあるわけじゃない？

里佳　浮き沈みね。

パパ　本当に一喜一憂せず、人生山あり谷あり。離れる人もいれば、残ってくれる人もいるってことをわきまえないとね。もし、残った人でも、それが「本当に僕のことを好きで残っている」のか「すごい利害を考えてのことなのか」という視点で見極めなきゃいけない。

経営者は孤独な生き物なのか？

パパ　もちろん、どこまでも人を信じなきゃいけないとは思うけれども、どこまでも信じすぎちゃうと、自分が傷つくからな〜って思っちゃう。そう考えると「経営者って孤独だな」みたいな気分にもなるよね。

里佳　それよく言ってるね（笑）。

パパ　信じたいのだけれど、どこかで信じすぎると自分が傷ついちゃうからとか、どこかでこの人は裏切るんじゃないかとか考えてる。
でもその一方で、この人に裏切られたらしょうがないっていう人もいる。フロッグマンとか自分が戦友だと思う人に裏切られたら、それは自分が悪いんじゃないかと思えるんだよね。もちろん裏切らないと信じてるけど。**やっぱりそういう仲間と出会うのが、ベンチャー成功の秘訣や醍醐味**なんじゃないかな。

里佳　フロッグマンは戦友？

パパ　やっぱり戦友なんだよなー。一緒に戦ってきたパートナー。奥さんとは違う信頼関係がある。友情なんかじゃ測れない、深いつながりを感じるよ。

里佳　ソウルメイトみたいな？

パパ　うん、そういう人って、やっぱり真剣勝負していないと出会えないよね。ベンチャーって「だますだまされる」「裏切る裏切られる」みたいな世界だけど、**本気でやっているからこそ裏切られた気持ちもあるし、本気でやっているからこそソウルメイトにも出会える。**そこがいいよね。

だから、「裏切る裏切られる」っていうのは、ドラマのシナリオにかならず出てくる展開じゃないけれど、絶対出るトピックだよなって、いまでは思う。ただ、実際に遭遇するとホントきついけど。

里佳　普通のサラリーマンをやってたら、そこまでドカンとつらい思いはしないのかもね。

パパ　かもね〜。いや、マジで、めっちゃ人間不信になるからね。

里佳　社長って人間不信になりやすいのかな？

パパ　そうね。「自分ほど会社のことを考えている人はいないな」っていう結論になり、孤独に陥る。でも、この孤独を持っているのって、もしかしたらクリエイターであるフロッグマンも同じかもしれない。彼は僕ほど会社のことは考えていないかもしれないけど、「鷹の爪」のことは僕以上に考えてるかもしれない。で、彼も孤独を感じているんじゃないかってね。やっぱりそういうのがわかりあえると、さらに結びつきが強くなると思う。

里佳　孤独か。私はいまどうかな、うーん。

パパ　同じレベルで話ができる人はまわりにいないんじゃない？

里佳　いないね。自分が一生懸命やっていても、誰からも成果が認められないというか、どれだけ努力していても、まわりの人には見えないしというのはあるかな。こんなに頑張っているのに、なんで誰も認めてくれないんだとかね。そういう孤独感みたいなのはあるかも。

パパ　それでも「イージーモード」に見せかけるのが……？

里佳　トップに立つものの定め（笑）。

「その社員が名刺を相手にピュッって投げたんだ」「はっ？」

里佳　でもさ、社長業って「誰と組むか」の選択肢はあるわけじゃない？　どんな人を選ぶかは自由でしょ？　サラリーマンは上司や同僚を選べるわけじゃないから。私も「この人なら信頼できる」って人に声かけるし。

パパ　でも、**雇う人を選べるようになるまでが大変**なんだよ。僕が本当に最初の頃に雇えた人なんて、常識がないとかいうレベルじゃなかった。

里佳　何やらかしたの？

パパ　すごかった思い出は、東映アニメーションの現在の会長さんとミーティングを僭越《せんえつ》にもさせていただいたことがあったんだけど。当時は、本当に社員が4、5人のときで。フロッグマンが入社する前の話ね。僕が「フラッシュアニメのスタジオを作ったので、ぜひご一緒に開発していただけませんか」っていう話をして。「おお、いいね、面白いね」って言ってくださったところだった。で、「今度アニメーターを連れてきますので」って言って、当時一番腕のいいスタッフを後日連れて行ったわけ。で、紹介して、名刺交換のタイミングで、その社員が名刺を持って、ピュッて相手に向かって投げたんだよ。

里佳　はっ？

パパ　もうビックリして。「ああ、すみません、すみません」って、僕があわてて。彼にとって、はじめて人前に出たのがその場だったみたい。

里佳　衝撃。そんな人いるの？

パパ　僕、ビックリして。教育とかそういう以前の問題じゃない？　人としてどんなに名刺交換をしたことがなくても、投げないだろうみたいな。はじめての名刺交換で片手で渡しちゃうとか、机の上に置いちゃうとか、そんなのはあるかもしれないけど。普通に考えられる人なら、絶対投げない。でも、そんな人しか雇えなかった。

里佳　投げないな、絶対。

パパ　だからDLEの創業当時はそれぐらいの人材しか選べないわけよ。社会性ゼロみたいな人しか来ない。

里佳　技術だけ、みたいな。

パパ　そうね。アニメは好きで、大学出たけどプータローをしてて、「なにか今にも潰れそうな会社が人を募集しているから、ちょっとやってみようかな」みたいな。そんな人よ、最初採れるのって。

里佳 大変すぎ。

パパ でも、超言葉悪いけど、そんな**ガラクタをも使いこなして、会社をでかくしなきゃいけない**という。難しいよね。ほめて、怒って、だんだん使えるようになったと思ったら辞めちゃってみたいな、そんなことばっかり。

里佳 その点、私はすごくラッキーかも。

今、インターンの子たちが数人いて、ＪＣＪＫ調査隊だった子が大学生になっちゃったけど「そのまま手伝いたいです」って言ってくれたし。あとは、小学校から同じだった同級生の男の子。で、他にもっと社会人とか欲しいなと思って、フェイスブックで言ってみたの。そうしたら早稲田の大学生で、アメリカに確か十何年いたみたいな人が来てくれた。日本語が片言な人だけど「やりたいです」って言って来てくれてね。むしろ私からお願いしたいくらいの人だったから、ラッキーみたいな。

その点、名刺を投げる人とかありえない……。

パパ 意外と投げるかもしれないよ、その人。

里佳 いやいや、投げない。

パパ 名刺交換していないでしょ、まだ（笑）。

里佳のまなび 22

ときには
「裏切り」もある。
それでも信頼しあえる
「戦友」ができるのが
起業の醍醐味。

＊14　**フリーアドレス**　１８８ページ
社員がそれぞれの机を持たないオフィススタイル。どの席に座ってもいいため、あらゆる人とコミュニケーションが取りやすい。

＊15　**CEO、CTO、COO**　１８９ページ
ＣＥＯ：Chief Exective Officer。企業の最高経営責任者のこと。
ＣＴＯ：Chief Technology Officer。企業の技術関連業務の責任者。
ＣＯＯ：Chief Operating Officer。事業の最高責任者。実質的に事業活動のリーダー。

＊16　**スキージャンプペア**　２０４ページ
「ペアでスキージャンプをする」という架空のスポーツであり、真島理一郎氏が製作したデジタルアニメ作品。ＤＶＤが大ヒット。その後、映画化やパチンコ化されるなど、個人製作の作品としては異例の展開となった。

＊17　**増資**　２０５ページ
会社が事業を広げるときなどに新たに株を発行して資本（お金）を増やすこと。増資には「公募増資（株主を広く募ること）」や「第三者割当増資（特定の人や法人に買ってもらうこと）」「株主割当増資（いまの株主に買ってもらうこと）」がある。借金ではないため、その資金は返さなくてもいい。

＊18　**リーマン・ショック**　２０９ページ
２００８年9月15日に、アメリカの投資銀行リーマン・ブラザーズが破綻したことをきっかけに発生した世界的な金融危機のこと。

＊19　**債務超過**　２０９ページ
「債務者の負債（借金）」の総額が「資産の総額」を超える状態。資産をすべて売ったとしても、負債（借金）を返しきれない状態のこと。破産手続開始の原因となる。

6時間目

上場するとどんないいことがあるの？

資本政策と株式公開を学ぶ

「鷹の爪」の大ヒット。上場への道

「ここだ！」と思ったら大勝負に出る

里佳 パパの会社が上場するまでの話を聞きたいんだけど。

パパ えっと、「鷹の爪」ってたしか深夜番組からヒットしたんだよね？

里佳 そう。まず、フロッグマンは、会社に300連泊して「鷹の爪」をつくったわけだけど……。

パパ 300連泊！

里佳 そのうち、横になって寝たのは5日ほどじゃないかな。僕も「このままじゃヤバイ、倒れちゃう！」と思って、夜中1時ごろに彼用の簡易ベッドを用意して帰宅したんだけど、朝出社すると、いつも彼はデスクでペンを握って力尽きてた。いまじゃ上場企業だから、

里佳　そんなブラックなこと不可能だけどね。なんで、そんなに頑張ったの？

パパ　「鷹の爪」が生まれる前から、テレビの枠を買っちゃってたんだよね。それで、「THE FROGMAN SHOW」という当時まったくの無名だった島根のおっさんの名前を番組名につけちゃった。だから、彼もクリエイターとして責任重大で絶対失敗できない、人生最初で最大の大勝負と思ったはず。

里佳　追い込んだわけね。

パパ　そうだね。**彼が命がけで「才能を120%発揮しなくちゃ！」と思うような舞台**は整えられたと思う。

里佳　パパお得意の、ひそかに外堀を埋めるパターンだね。

パパ　パパもパパで、テレビ朝日の深夜の枠で放送してもらうのに、かなりの値段をテレビ局に払ったからね。実はその直前に**6千万円増資して、そのうちの大半をいきなり放送枠確保に使ってしまった。**しかも、放送はたった3ヵ月だから、そのあいだに結果を出さないといけない。3ヵ月経ったら有無を言わさず放送が終わることは決まっていたからね。この3ヵ月でまさに爪痕《つめあと》を残さなきゃいけなかった。

「増資した直後に全部使っちゃいました、また何千万必要です」なんて言っても、誰も出資を受け入れてくれない。会社の今後のためにも、絶対失敗できない勝負だと感じていたんだ。

里佳　テレビで放送する前にネットで配信したり、YouTubeに載せたりしなかったの？

パパ　ぜんぜん。テレビ局に見せて回っただけ。それも2〜3分のデモ映像が3〜4本だけ。あとは放送することが決まってから作り始めたからね。もう必死だよ。最初は「鷹の爪」の「た」の字もない状態。

里佳　え！　じゃあ、まったく感触がわからない中、大金を賭けた？

パパ　うん。ほんと大博打。でも、**「ここぞというときは勝負をしないといけない」**と僕は思ってるんだ。

里佳　ここが勝負どころだ、って？

パパ　「鷹の爪」をフロッグマンと作り上げ、その面白さには自信があった。で、デモ版を見せたら、予想以上にテレビ局の反応が良かった。ハリウッドメジャーの日本支社であるユニバーサル社も、アメリカのハズブロ社も「めっちゃ面白い」と言ってくれた。「日本で、そして世界で勝負するべきときが来た！」と思ったんだよね。

里佳　でもパパは小さなチャレンジをして、ＰＤＣＡを回していかなきゃいけないって言ってなかった？　これってめっちゃ大きな、危険なチャレンジだよね？　……矛盾してない？

パパ　たしかに矛盾してるね。でも、小さなチャレンジをして、手応えを感じた勝負どころでは、大きな勝負も必要だと思うんだ。特に、一発目の勝負では全社をあげて、全身全霊で挑むべきなんだよ。

里佳　うーん……。

パパ　小さなPDCAを回すってことも大切な一方で、ここぞというときは勝負をする。これが大切。結局、小さなチャレンジってなんのためにするかっていうと「手応えがあるところを探すため」なわけだよ。

よく、雪崩《なだれ》とかで埋もれちゃった人を探すときに、棒を雪に突き刺していくじゃない？で、手応えを感じたらそこに一気にパワーを結集させる。「だいたいこのへんかなあ」って突き刺していって、「ここだ！」と思ったら一気に掘るわけ。

魚群探知機じゃないけど、**小さなPDCAというのは、大きなチャンスを探すための手段でもあるん**だよ。

キャッシュカウを手に入れろ

パパ　DLEは、最初の挑戦である「鷹の爪」がヒットしたことで、**キャッシュカウ（cash cow）**を手に入れたんだ。

里佳　カウ？　牛？

パパ　キャッシュカウっていうのは、**会社にとって利益を潤沢に生み出すビジネス**っていう意味。いわゆる「乳が出る牛」を手に入れたと考えればいい。

これをもとにして、次の勝負を挑めたりできるわけだ。

里佳　じゃあ、もし失敗しちゃってたらどうなってたの？

パパ　「鷹の爪」が失敗してたら、さっき言ったとおり、もう簡単には増資できなかっただろうね。

そして当面の資金を得るために、下請け仕事をするようになっただろうね。で、リスクを取って新たな挑戦をしない体質に陥ってしまっただろう。

里佳　暗黒時代の下請け状態に戻っちゃうところだったんだ。

パパ　そうだね。それくらい「一発目の勝負は超重要」ってこと。

起業の最初の頃、少なくとも資金が続いているうちに、たくさんの小さなチャレンジをし、手応えをつかむ。そして**勝負どころと判断すれば増資などをして大勝負に挑む。**そしてその勝負に勝つことが大切。

僕たちは「鷹の爪」がヒットして、牛の乳搾り券を手に入れた。キャッシュカウがあれば、乳の出し方を試行錯誤しながらも継続的にキャッシュを手に入れ、より大きなチャレンジをすることができるんだ。

里佳　一発目の勝負どころで勝つというのがベンチャーのポイントってことか。

里佳のまなび 23

小さくトライして
「ここだ！」と思ったら
一気に攻める。
キャッシュカウが
手に入ればこっちのもん。

世界が変わっていく興奮

アニメの常識が変わった奇跡の30分

里佳　「鷹の爪」ってすぐに人気になったの？

パパ　正直、前評判はひどかったね。2ちゃんねるとかに、「フラッシュアニメで金稼ぐなんて許せない！」「動かないアニメなんてアニメを冒涜《ぼうとく》している！」「紙芝居はウェブでやれ！」「テレビで流すなんて前代未聞！」とかさんざん書かれた。

里佳　期待されてたわけじゃないんだ！

パパ　いやあ、それはそれは。ありとあらゆる罵《ば》詈《り》雑言《ぞうごん》が浴びせられたんだよ、本当に。

里佳　心折れそう。

パパ　でもね、実際に放送が始まったら空気がガラリと変わった。

たぶん「炎上のネタを探そう」と興味本位で見ていた人たちが結構いたんだろうね。放送開始1~2分は「やっぱり動いていない!」「想像通り酷いクオリティ」とか言ってたんだけど、数分すると「笑った」とか「意外とおもしろいんじゃない?」っていう声が出はじめて、7~8分後には、一気に「鷹の爪おもしろい!」「今シーズン最高のアニメ!」「フロッグマンは神!」っていう書き込みで埋め尽くされた。**バッシングが最初の10分以内でバタバタバタって変わっていったん**だ。

里佳　流れが変わった!

パパ　まさに、ね。アニメ業界の歴史を変えた30分間だったと僕は思ってる。それからのフラッシュアニメは、テレビだけでなく映画館などでも幅広く使われて、そのキャラクターもすごく愛され、ビジネス的にも注目されるようになった。

里佳　狙いどおりって感じ?

パパ　うん。ていうか、僕がソニーに入った頃、ソニーが毎年毎年人びとの生活を変えるような革新的なものを世に出していたことを思い出した。僕がしたことはまだそのはるかミニチュア版だけど、**「小さな組織や個人でも世の中が変えられるんだ」ということを実感したん**だ。こういう興奮を、里佳にも、そして、もっとたくさんの人にも感じてほしいなと思ってるよ。

「フロッグマンの逆転ストーリー」と「チケット即完売　伝説のイベント」

里佳　テレビで火がついて、そっからどうなったの？

パパ　「鷹の爪」自体が、「なんだかこれまでにないアニメが始まったぞ」って注目されたでしょ。すると、絶対に「いったいこんなもの誰が作ったんだ？」ってことになると思った。

里佳　たしかにね。気になるよね。

パパ　その展開に持ち込めたら、パパには勝算があったんだ。なぜかというとフロッグマンには**「人が応援したくなるストーリー」**があるから。
彼は映画人として夢破れ、東京から逃げ、島根に引きこもって、負け組の典型みたいな人生を歩んでいた。そこからパソコン一台で起死回生の「鷹の爪」を生み、既存勢力をなぎ倒してヒットクリエイターに成り上がったわけ。これは確実に注目が集まると思って、**フロッグマンのバックグラウンドも含めて新聞各社やテレビ局に売り込んだ**の。そしたら、取材が来て、取り上げてもらって、DLEも知ってもらえたんだ。で、そうやって「おもしろい奴らがいるぞ」と応援団も増えていったんだ。

里佳　作品だけでなく、今度はフロッグマンの「負け組からの成り上がりストーリー」も含めて営業しちゃえ、みたいな。

パパ　そうね。だから、前に里佳に「あなたの持ってるストーリーが大切なんだよ」って言ったの。

里佳　「鷹の爪」がウケて、応援する人たちが増えた後はどうなったの?

パパ　六本木ヒルズのTOHOシネマズ[20]で徹夜イベントをやろうと思った。夜中0時から朝まで一気に「鷹の爪」のテレビシリーズを映画館で観るというもの。早速、TOHOシネマズの人に打ち合わせにいったんだけど。

里佳　むこうの人は「鷹の爪」を知ってたの?

パパ　全然知らなかった(笑)。
「すみません、『鷹の爪』ってまったくわからないんですが……」って言われて、「いま、カルト的な人気があるんです!」って説明した。で、「そうなんですね。じゃあ、どれくらいの会場を用意すればいいですか?」という話になって、「一番大きなところでお願いします」って。そしたら、「700人ですよ、それはちょっと難しいんじゃないですか?」って言われたんだ。

里佳　集まらないってこと？

パパ　そう。「これまで700人の会場のチケットがソールドアウトしたのは『踊る大捜査線』と『スターウォーズ』だけですよ」と。「考えているより700人埋めるのってそうとう難しいですよ」と忠告された。

でも、自信があったんだよね。だから、「ガラガラだとファンの人が逆に冷めますよ。200人程度の小さな会場にしてソールドアウトするくらいがちょうどいいんじゃないですか？」って言われたけれど、700人の会場で開催することにしたの。最後には、「まあ、やるのは自由ですのでどうぞ」とか言われちゃって（笑）。

里佳　で、どうなったの？

パパ　なんと発売1時間で完売！

里佳　すご！

パパ　それで、TOHOシネマズの担当者の方もびっくりしちゃって。「実は、『踊る大捜査線』も『スターウォーズ』も700人分売り切れたのはイベント当日になってからだったんです。発売すぐに売り切れたのは、『鷹の爪』が初めてです。『鷹の爪』ってこんなにすごいんですか！」って言われた。

もちろん自信はあったんだけど、僕たちも「なんだかすごいことになってるぞ」って実感したんだよね。

里佳　すごいね。まさに熱狂。

パパ　本当にそう。このコンテンツをこのまま伸ばしていけば、すごい熱狂を作っていけるに違いないとみんなが確信した瞬間だった。
TOHOシネマズの人もチケットが即完売した「鷹の爪」を観ようとイベントに参加してくれた。そこで、「鷹の爪」のファンになってくれたんだ。

里佳　そこから、マナームービーをすることになったの？

パパ　うん。『鷹の爪』の魅力がわかりました」って言ってくれて、そこで僕が「何かやらせてください」ってお願いしたの。で、**「映画館のマナームービー[21]がおもしろくないっていわれてるんですよね。DLEのコスト負担でマナームービーを作ってくれるならば流しますよ」**と。で、担当者さんの気が変わらないうちに1週間くらいで製作して、「これでお願いします！」と持っていった。

里佳　そんな経緯があったのね。でも、よく9年も続いているね。

パパ　最初の頃はお客さまからクレームがきて、各劇場の支配人さんたちも「打ち切りにしたい」って言ってたみたいなんだけど、六本木ヒルズの熱狂を見てくれていたので、本部の方にはなんとかおおめに見てもらえた。そのうち、お客さまからの喜びの声が多くなって、支配人の方々も応援してくれるようになった。そんなみんなに支えられて継続できているんだ。

里佳　熱狂を作り、多くの人に応援してもらうようにするのって大事なんだね。

そうやって「鷹の爪」がテレビで話題になって、フロッグマンが話題になって、伝説のイベントが生まれて、長く愛されるマナームービーが生まれて……。

パパ　そういうキャッシュカウを持つことができたから、その後もどんどんチャレンジをすることができるようになって、いいサイクルが回るようになったんだ。

里佳　それで上場に向かっていくわけね。パパ、やるねえ。

里佳のまなび 24

「どうやったら話題になるか」「どうやったら伝説になるか」を常に考えよう。

最初の起業でなにが足りなかったのか

「バツ3の男性が初婚の女性にプロポーズされる、みたいな感動」

里佳　成功物語の後にあれだけどさ、パパが起業したときマンガ雑誌のプロジェクトから追い出されちゃったじゃない？　あれは何がマズかったの？

パパ　そうだねー。そのときも自分は「人に好かれる明るい性格だ」っていう自信はあったんだけど。でも、やっぱり考え方がひとりよがりで、無駄に自信満々だった。

里佳　いまでも自信満々じゃない？

パパ　うん……昔は、やっぱりそこに大きく足りないものがあった。謙虚さとかね。あと、人に絶対弱みを見せないようにしてたから。結局のところ、かわいがられなかったんだよね、きっと。放り出されるような存在だったと思う。「こいつ、強いって言ってるから別にいいんじゃね?」みたいな、ちょっと懲らしめてやった方がいいような存在。周囲と心の距離感もあったんだろうな。

里佳　強そうだから放り出される……?

パパ　今の若い人もそうかもしれないけど、他者とある程度の距離感を持って接するのが仕事というものなんじゃないかな、と思ってた。ナアナアになっちゃいけないと思うあまり、距離を変に取っちゃってたんだね。

でも、やっぱりどこかでもっと心が近づかないとダメだったんだろうね。パパにはそういう能力が、当時すごく欠けていた。

里佳　仕事がどーのってことじゃなくて、性格とか人間的な問題ってこと?

パパ　うん、自信と能力だけでは、全然ダメなんだよ。自分が相手のことを心の底から尊敬するな人間にならなきゃいけなかった。**そして自分自身も、「こいつと一緒ならどこまでも戦える」と思ってもらえるような人間にならなきゃいけなかった。**相互にそう思えていないとダメになることが、当時はわかっていなかったんだよね。

里佳　今は変わったの?

パパ　マンガ雑誌のプロジェクトから追い出され、さらに3年間の暗黒時代を経験してから、フロッグマンと出会った。それで、「自分を信じてくれて島根から上京してくれたフロッグマンのためなら、俺、死ぬほど頑張れる」って思えたし、フロッグマンもきっとパパを尊敬してくれて「椎木さんを男にするために、俺は死んでも頑張る！」と思ってくれるほどの関係性になれたと思う。

里佳　熱いね！

パパ　一文無しに近くて社会的信頼度もほとんどゼロ状態の僕を信じてくれた人だったからね。「こんな俺でいいの？」っていう負い目もあった。そんなこと、起業した当初は絶対思わなかったよね。「絶対俺、成功するから！」っていう、変に自信満々な人間だったんだよ。

里佳　変わったね。「俺でいいの？」って（笑）。

パパ　ほんとにそう。「こんな僕を本当に信じてくれるの？」「一緒にやってくれるの？」ってね。バツ3の男性が初婚の女性にプロポーズされるみたいな「こんな僕でもいいの？」的な感動（笑）。今では、その感謝の気持ちをちゃんと表現できるようになったし、**「自分はこれに人生かけていて、なんとしてでもやりたいんだ」ということを、ちゃんと伝えることが大事**だってわかった。

里佳　泣き言もいえるようになった？

パパ　自分の弱みは伝えられるようになったかな。そういう中で**お互いが、「この人のためなら」っていう覚悟を持てる関係**になることが大切なんだと思う。
僕は本当にフロッグマンは戦友だと思ってる。会社で一緒に働く人を戦友って思うことは、昔はなかった。

里佳　戦友。同僚とか友達とかじゃなくて。

パパ　そういう気持ちになれたのが、昔と今のすごく大きな違いだね。やっぱり昔は、人間的な魅力も深みもなかった。失敗経験もないし、なにか思い上がったところをまわりはすごく感じていたんだと思うな。

里佳　なんか今の私っぽいってパパに言われそう（笑）。やっぱり起業家は失敗して成長するのね。成功を重ね続けて人間的にも魅力や深みを増す方法ないのかしら……。

「誰にお金を出してもらうか」を戦略的に考えよ

里佳　あと、経営者として落ち度があったなと思う部分は？

パパ　グイグイ聞いてくるなあ……。

まあ、やっぱり大資本から守るアイデアがない裸の状態で、調子に乗って事業を進めていた脇の甘さが最大の落ち度。あとは、**20パーセントの資本の意味とかがわかっていなかった**んだよね。「一番の株主なんだから、絶対一番で、俺、社長でしょう?」って。そもそも80%の株主は敵になる可能性があったのに、その状況を分析する知識すらなかった。

里佳　でも、それって、走りながら学んで調整すればいいんじゃん?

パパ　資本政策[22]って「イロハのイ」過ぎて、一度実行しちゃってからここをなんとか修正しようと思っても、もうできない。最初の時点で決まっちゃったらもう戻れない。だから、事業がはじまった時点でクビになるリスクはあったんだよ。

里佳　なんでそんなリスク負ったの?

パパ　いや、だからそれはわからなかったから。

里佳　知らなかったから?

パパ　知らないっていうか、「筆頭株主の社長だから、無敵じゃん!」ぐらいに思っていたんだよね。

里佳　ふーん、じゃあ起業するにあたってこれだけは知っておけっていうことって?

パパ　資本政策だね!　僕は、大失敗したからね。

里佳 私にもすごく言うよね。私の会社に「出資したい」って言ってきた人がいたとき、「資本政策だけは、よく考え抜かずに結論だしちゃ絶対ダメ」って言ってたよね。

資本政策は会社のメッセージ

パパ 資本政策でミスると取り返しがつかない。そこがまさに僕の失敗からの学び。DLEの資本政策を練るときも、僕とか椎木家の株式比率のバランスをすごく意識した。株主になってもらっている人たちも厳選した。玩具メーカー、広告会社……ようするに、**株主構成や株式比率って「会社からのメッセージ」をものすごく表すもの**なの。

里佳 「どんな人に株主になってもらうか」がメッセージってこと?

パパ そう。だから、DLEは超こだわってる。あと、社外取締役[*23]に戦略的にどうしても必要な会社から役員を送ってもらったりとかね。たとえば、DLEは世界戦略上どうしても世界トップクラスの玩具メーカー&IP(知的財産権)ホルダーであるアメリカのハズブロ社の協力が必要だったから、ハズブロ社から5%程度の出資をもらって、そこのナンバー3がDLEの社外取締役になって活躍してくれている。そうやって考えて編成しているから、ベンチャーとしては珍しく、東京証券取引所の人からも「ベンチャー企業なのに、資本構成もメッセージ性があるし、5人の役員中、社外取締役が二人もいて超優秀だね」って言われたぐらいだよ。株主とか役員って、会社のフィロソフィーというか、ビジョンを体現しているもの。そこは本当に、新しく起業する人みんなにこだわりまくってほしい部分。

里佳　なるほどね。それを知らないと、パパみたいな大変な目にも遭うと。

パパ　ほんとだよ。自分の株式の保有比率が、まだ初期のうちから20％しかないとか、VC[*24]（ベンチャーキャピタル）にかなりの割合を握らせちゃったりとかっていうのは、将来が思いやられる。見る人が見れば、経営者の未熟さがすぐわかっちゃう。**「株主にこの会社をこういう考えで入れている」っていうところに「あんたの会社、それ、賢いね」とか、「素晴らしいですね」って言われるぐらいの、ストーリーがないとダメ**だと思う。

里佳　すごい考えてるんだ。

パパ　上場前は株主を選べるわけだけど、株主を選ぶときも「なんとなく」ではなくて「この人たちだから大丈夫」っていうロジックを大切にした。ビッグネームだから入れるとかじゃなくてね。本当にそこは超重要。

里佳　パーティとかで私に「出資しますよ」って言ってくる人に、パパが「まあまあ」みたいな感じで煙に巻いてるのはそういう意味なのね。

パパ　うん、そうね。

だますなら、まず身内から？

里佳　資本関連の話とか、まったくわからないからな。でも、相談できる人は身内だって思ってる。パパも、「新しくチャレンジするときにお金が必要なら、まず最初に身内からお金を借りなさい」って言ってるよね。「まずは家族をだましなさい」って（笑）。

パパ　そう。パパも自分の親や兄弟に「絶対大丈夫だから」って適当なこと言って出資してもらった。VC（ベンチャーキャピタル）も相手にしてくれないほどの状況だったしね。やっぱりお金を出してもらうということは、大きな責任を負う。**成功の見込みと自信がなければ、軽々しく他人のお金を資本に入れるべきではない、**と思うんだ。

里佳　確かに私の会社の状況も、まだまだハイリスクな状況だからな〜。自信はあるけど、やっぱり他人の大切なお金はね〜。お金出されて、細かい指導やお叱りがいろいろ入ったら誰の会社かわかんなくなるし。

パパ　まあ他人の資本を入れるってことはそういう責任が発生するってことなんだよ。

里佳　「大きなチャレンジをする前や上場直前とか、ビジネス的に将来一緒にできそうな大き

パパ　なところからお金を入れるというのはあり」って言ってたよね。まあ、まだ大きなチャレンジはしていないけど、「お金が必要ならまずは身内」っていうことは覚えとこ。

パパ　とはいえ、他人から出資してもらって生まれる責任感やしびれる感じってのも経営者として育んで欲しい。ちょっと言ってること、矛盾するけどね。

人は失敗からしか学ばない

里佳　パパは失敗からかなり学んだんだね。

パパ　そうだね。だから里佳にも「一回くらい大失敗したほうがいいんじゃないかな」と思うことがある。**痛い思いをして、はじめて気付くこととか学ぶことってたくさんある**から。すべてが絶対無駄にならないわけだから、本当は失敗したほうがいい。とはいえ「ちゃんと押さえておいたほうがいいよ」っていうことは、先に言いたくなるんだけどね。でもできるだけ言わないようにしてる。

里佳　ほんと最近はあんまり教えなくなったよね。

パパ　よく人から過保護じゃないかって思われたりするけど、実は直接的にはあんまりアドバイスしてなかったりもするよね。門限とかお金関連の基本的なルールだけ決めておいて、

里佳　あとは放し飼い。細かいことは、ほとんど言わない。

昨日とか、なにも喋らなかった。友だちとのご飯から帰ってきて、10時半ぐらいで。いた？　寝てた？　もはや。

パパ　どうだったかな？

里佳　みたいな、そういうレベルだよね。日常会話ぐらい。

パパ　「こういう仕事はどうしたらいい？」「それはこうしたほうがいいんじゃないの」みたいな、そういった行動する前の心構え系の話は最近まったくしないね。

里佳　うん、実行したあとの愚痴や感想を聞いてもらったり、なんかもっとおっきい話が多くなってきた。

パパ　確かにね。PDCAサイクルのPDするときの相談からCのときの相談が多くなってきたね。大きい話は、それこそ資本政策の話とか。あとは放し飼い。

里佳　パパはあんまり私に仕事のことを言わないって意識してた？

パパ　うん。**いちいち細かくマネジメントした部下とか子どもって、まともに育たない**と思うんだよね。だから、「ここからここは危険地帯よ」っていう大枠や最低限のルールを伝えればいいかなって。十分すぎるぐらいの広いフィールドで野放しにして、「ここを出たらまずい」ってことだけ教えてあげる。あとは自分の思うようにやってごらん、と。

里佳が最初の1年半とかでした失敗って僕からすると、だいぶミニチュア版の失敗だとは思うけど。でも、そういうことから一つひとつ学んでいくことは大切にしてほしいよね。

里佳　いや、結構な学びだったって。

パパ　うん、うん。もっともっと仕事が大きくなって、もっともっと多くのお金とか人を巻き込めば、その失敗の幅とか痛みの大きさが、強烈になっていく。「あのころはすごく大きな学びと思っていたけれど、今回のこの学びと比べたらクソだったな」みたいな。振り返ってみれば、たぶんそうなると思うよ。

里佳　ふーん、そういうもん？

パパ　でも、今の時点では十分な、高校生でこれだけの経験ができたんだから、本当に最高の学びができたってところにはいると思う。いい感じなんじゃないかな。

里佳　今の時点では若者を代表する一人になれている実感があるけど、伝説になるには、まだまだこれからだから、もっともっと頑張るね。

里佳のまなび 25

自分で会社の手綱を
握れるよう
「お金を出してもらう人」
は慎重に選ぼう。

株式公開をオススメする理由

だまされてくれた人に恩返しできる

里佳 株式公開まで視野に入れると、大切な人たちに恩返しもできるって前に言ってたよね。

パパ そう。株式公開を迷っている人がいたら、絶対するべきだと思う。

里佳 絶対とまで言う？

パパ うん、迷っている人に対してならね。

里佳 なんで？

パパ 僕が一番よかったなと思ったのは、自分がお金持ちになるとか云々よりも、起業当初に実績もなかったクソみたいな僕に、「自分の大切な若い数年をこの人にかけよう」と思って、**信じてくれた人に対して「この人に付いてきてよかった」と感じるようなお返し**

ができるってこと。「若くて、やる気があって、元気な時間を、この人にかけてよかった」って思ってもらうことが、自分がお金持ちになるより、よっぽどうれしいし、モチベーションも上がる。

里佳　そうやって、パパが恩返しできた人って実際にいるの？

パパ　うん、いる。そういう人たちに、非常に大きな金額を返せたというのは、本当によかった。本当に一緒に働いてくれた戦友たちにね。信じてくれて、それこそ命を削って仕事してくれたっていう人に対して、感謝の気持ちだけでなく、お金というかたちでも何かお礼ができたらやっぱりうれしいよね。

里佳　そういえば、フロッグマンも**「上場で得たお金を使って、大家族で苦労してきた親の借金を返済してあげられた」**って言ってたね。

パパ　彼は7人兄弟の末っ子で、すごくかわいがってもらってたらしいし、親も老いてきた中で「借金をすべて返して安心させてあげたい」という思いがあったんだろうね。あと「いつかはクラウンって言ってた父親に、赤いクラウンを買ってあげたんだよ」とか聞くとさ、やっぱりうれしいじゃん。残念なことに、クラウンを買ってあげてしばらくして、お父さん亡くなっちゃったんだけど、「これ、息子に買ってもらったんだ」って近所中に自慢して、ずっと乗り回していたらしい。死ぬ一日前まで乗ってたって。そういう話を聞いて、株式公開ができて本当によかったと思ったんだよね。

里佳　社員だけじゃなくて、社員のまわりも幸せにできるんだ。

パパ　そうかもね。「頭金だけど、マンションを買うことができました」とか。「お金が入ったから、子どもをもう一人作ろうと妻と話しています」とか、いろんな人がいる。人生のきっかけになるだけのお返しができて、みんなに感謝されて。でも、僕の中ではむしろ、僕のほうが感謝したいという思いがある。こうやって、お互いが感謝するようになれるのって、すごく幸せだなと思った。そういう思いをいろんな経営者にしてもらいたいな。

里佳　株式公開オススメの意味、わかってきた。

パパ　**上場っていうのは、誰にでもわかりやすい成功だから、社員の親や親戚もすごく喜んでくれる。**「今まで何やってるのか良くわからなかったけど、素晴らしい会社に勤めてて、ずっと貢献してたんだな」って感じで言われるみたい。そういうのを通じて、社員が会社に対して、より大きな愛と誇りを持つようになる。

里佳　確かにDLEに行くと、前と社員の雰囲気が変わった感じがする。

パパ　どういうふうに?

里佳　自信に溢《あふ》れているオーラがでてるかな。より社内が賑《にぎ》やかになったかも。

パパ　ほ～、うれしいこと言うね～。もう本当に社員にはひたすら感謝だよ。どうなるかわからない小さな会社の経営者に「付いていこう」って決断してくれた人に対して、社長は本当にものすごく感謝すべきだと思うよ。

里佳　社員にそういう大きなお金を渡せるのって、株式公開が一番早道なの？

パパ　**他の企業に会社を身売りする形になる株式売却はもっと早い。**で、その売って得たお金を、社員に還元したりもできる。方法は問わないけど、信じてくれた人たちに対してお返しするというのは、経営者として真剣に向き合わなきゃいけないことだなと思ってるよ。

「2020年に結婚と出産と上場します！」

里佳　私も上場させるつもりだけど、パパはどうやって上場のタイミングをはかったの？

パパ　上場はできるときにするのがいい。風の流れを読みながらね。会社側のタイミングもあるけど、「今、市況がいい！　上場するならこのタイミングしかない！」っていう見極めも大事だね。

里佳　大切なのは「何年後に上場させる」みたいなプランじゃないんだ？

パパ　もちろん、会社の計画は重要。でも**ベストなタイミングは、世の中の風を読むしかない。**「この流れはあと一年は続くだろうけど、一年後には、ちょっと厳しいぞ」と思ったら、やっぱり一年以内に上場するほうが会社がはるかに消耗しない。

里佳　私は2020年に上場して、結婚します！

パパ　結婚も!?

里佳　はい。結婚も上場も、できれば出産も同時にする！

パパ　同時に（笑）。いいね！

里佳　人生の最高を、すべて2020年に迎えたいと思ってね！

パパ　お～、確かに2020年には流れがピークになりそうだから、それはいいアイデアだね、結婚出産はともかく（笑）。やっぱり自分では作れない流れってあるから。時流に乗るというのは、本当に重要だよ。ITが来ているとか、ゲームが来ているときに、その追い風がめっちゃ吹いているタイミングと土俵で戦うっていうのは大事よ。特に少人数で戦うときに、追い風のないところで勝負したら致命傷になるからね。

里佳　ビジネスにおいて時流に乗るのが超マストなのはわかった。パパはその時流とか市況の見極めって一人でするの？　誰かに相談する？

パパ　基本、一人で考えるのが好き。**毎週木曜日の午前中はそういった分析や新規事業を考える時間**にしてる。でもときどき、社外のぜんぜん利害関係のないVC（ベンチャーキャピタル）の方とかとも話すかな。そういう人の方がフラットな意見を聞けるから。

里佳　社内では相談しない？

パパ　しないねー。すごく違う業界とか、あるいはいろんな業界を見ている人とかだね。「今投資するなら、この業界です」っていうところを教えてもらったりね。他にも、最近流行ってる組織のあり方とかも聞く。**他業種・他業界の人や海外の人たちと話す**ことを心がけてるかな。

里佳　ときどき違う目線でモノを見られる人と情報交換するのが大事なのね。
私もいろんなジャンルの起業家の先輩たちと話すときは、めちゃくちゃ刺激受けるし、大好きな時間なの。上手に時流に乗って、10年後の2025年にはパパの会社より大きくなりたいな。私の子どももその頃は幼稚園入学の頃だし。パパ、送り迎えよろしくね。

パパ　パパをこき使い過ぎでしょ！

↓「上場」については付録15を参照

里佳のまなび 26

上場のタイミングを逃さないよう他業種、他業界の人と定期的に話そう。

＊20　TOHOシネマズ　232ページ
東宝株式会社が子会社・関係会社を通じて、全国60カ所以上で展開・運営している、業界をリードするシネマコンプレックスチェーン。

＊21　マナームービー　234ページ
映画館で映画が始まる前に流れる「おしゃべり禁止、前の席を蹴らない」などのマナーを啓発する映像のこと。

＊22　資本政策　241ページ
会社をつくるときに「誰に」「どれだけ」お金を出してもらうかという戦略のこと。株主は、保有株式の割合が多くなればなるほど、会社に対して発言権を強める。だからこそ、この「お金を出してもらう割合」を間違えてしまうと、自分が社長なのに発言権が弱いといった問題が起きてしまう。

＊23　社外取締役　242ページ
その会社とは直接の利害関係がない社外の人物（有識者や経営者）から選ぶ取締役のこと。取締役会の監督機能の強化が主な目的。社外取締役を採用することで、透明性の高い監視機能が持てるとされる。また、新たな発想を取り入れるために導入する企業も増えている。

＊24　VC（ベンチャーキャピタル）　243ページ
これから大きく成長するであろう企業に対して投資を行う、投資会社・投資ファンドのこと。資金を投下するのと同時に、コンサルティングを行うなどして、投資先の会社の成長を促す。

I hope you find it useful!!

〈巻末付録〉

里佳の経営ノート

Rika's Management note

会社設立や経営をするにあたって、
私も困った部分や、
「知っておくと参考になるんじゃないかな」
と思った情報をざっくりまとめました。

あなたが最初の一歩を踏み出すときの
助けになれたらうれしいです！

01

会社って誰でもつくれるの？

会社はつくろうと思ったら、誰でもつくれます。

ただし、会社をつくったり役員になったりすることに年齢制限はないけど、「登記」のときに必要な「印鑑証明」が15歳にならないとできません。なので、自分で創業して**「社長」になれるのは実質15歳以上**といえるでしょう。

民法では、未成年者が営業行為をする場合には保護者の同意が必要なので、10代が起業するときには保護者に許可を得る必要が出てきます。

私の場合は、おもいっきり該当したので、親に書類を記入してもらいました。

02

会社をつくる4つのステップ

会社をつくろうと思ったら、以下の4つのSTEPを踏みましょう。

STEP1　お金と書類を準備する
STEP2　「定款」を作って認証してもらう
STEP3　「資本金」を準備する
STEP4　「登記」を申請する。「印鑑登録」をする

難しいように見えるけど、流れはすごくシンプル！
さらに詳しく説明しますね！

03 会社をつくるのにお金はいくらかかる？

会社をつくるときに必要なお金を**「設立資金」**といいます。その設立資金はいくらくらいかかるのでしょう？

会社をつくるには**「自分で手続きをする方法」**と**「司法書士など専門家に任せる方法」**

図1　会社の設立にかかる費用

費用がかかる事項	金額	補足
資本金（会社を経営するためのお金）	1円〜	現物出資（自動車、パソコンなどの財産を会社に出資すること）の場合は、0円からでもOK
収入印紙代	4万円	電子定款を選択すると0円。しかし、別途システム導入の費用がかかる
定款認証手数料	約5万円〜	1枚あたり250円が必要に
印鑑作成代	1万円〜	会社の代表者印など
登記事項証明書の交付手数料	600円〜	1通あたりの費用
印鑑証明書の交付手数料	450円〜	1通あたりの費用。取締役が複数名いる場合には、人数分取得する
税金登録免許税	15万円〜	最低で15万円。出資金の1000分の7が原則

があります。

自分で手続きをするときは、トータルで**最低25万円くらい**の費用がかかり、専門家にお願いすると、それ**プラス10万円〜25万円**くらいかかります。

その内訳は**「資本金」**という会社を経営するためのお金と、会社をつくるのに必要な**書類を揃えるための費用**、そして、会社をつくると**税金**がかかるのでそのための資金です。詳しくは右の図で確認しましょう！

04

「定款」をつくってみよう

専門家に会社づくりをお願いしてしまえば、あとは自分で行う手続きはほとんどなし。難しいこともなく、専門家の指示に従っておけばOKです！

私は専門家にお願いしたので、何回か専門家とやり取りしただけですんじゃいました。

お金は余分にかかるけど、自分で書類を書いたり、役場に行ったりする面倒な手続きをする自信がない人や、時間のない人にはオススメです。

自分で会社設立をする場合に必要なものは、**「定款」を認めてもらうための書類一式**と、**「登記」**という「会社をつくります」という申請をするために必要な書類一式。

定款は、**日本公証人連合会**のホームページで、登記は**法務局**で記入の仕方を確認しましょう。

○定款ってなーに？

定款は企業にとっての**「憲法」**。会社のルールとなるものです。会社をつくるときには、**必ず提出**しなければいけません。

○誰がつくるの？

会社を一緒につくる人（**発起人**といいます）みんなで作りましょう。一人で起業する人は自分で考えるか、定款の雛形を参考にするのもいいでしょう。

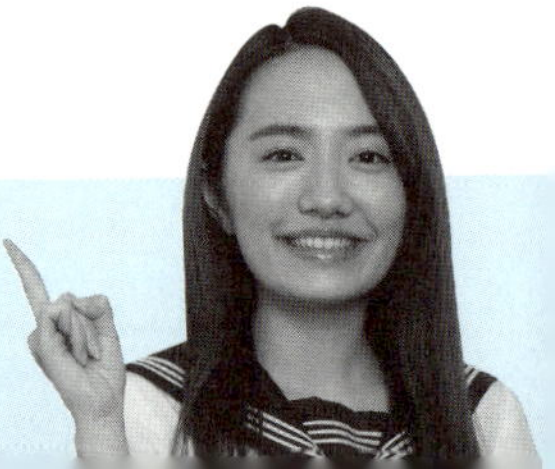

○いくらかかるの？

定款を自分で作成する場合は、**5万2500円から**です。

また、**「電子定款」**という、CD－Rなどの電子媒体で認証を受ける方法もあります。電子媒体なので、収入印紙代4万円が不要になり、安くできます。

ただし、特別なソフトが必要なため、新規でシステムを揃える場合には4万円ほどの費用がかかることも。結局は、紙の場合も電子媒体の場合も同じくらいのコストになるといわれています。

○どこで書類をもらえるの？

インターネットで「定款　雛形」で検索すると、フォーマットをダウンロードできるサイトがたくさん出てきます。そこから入手しましょう。

○どうやって書くの？

日本公証人連合会のホームページに記入例が載っていますので、それに沿いましょう。

疑問点は、近くの公証人役場に行けば無料で相談できます。

○誰に提出するの？

会社の住所になるエリアを管理している**公証人役場**に持参します。

05

定款作成・提出までの流れをおさえよう

①定款作成
←
②定款製本
←
③提出先の管轄の公証人役場はどこかをチェック
←

④公証人役場で事前に定款をチェックしてもらう

↓

⑤公証人役場にいく前に持ち物チェック

□定款3通

□発起人（出資者）全員の印鑑証明書1通ずつ

□収入印紙4万円

□公証人へ支払う手数料5万円（現金）

□定款の謄本（写し）交付手数料（約2千円）

□委任状（代理人が定款認証を行う場合）

↓

⑥公証人役場で定款認証

↓

⑦会社設立登記

定款を書く際には、**将来行う可能性があるビジネスもすべて明記**することが必要。もちろんこの定款は変更することもできますが、手間がかかるので最初のうちに「するかもしれない」事業をすべて洗い出しておくことがオススメです。

私の場合も「インテリア関連事業」とか、やるかどうかわからないけど、興味があるいろんな業務を定款に入れました。

06 資本金はいくらあればいいの？

○資本金ってなーに？

資本金とは、会社スタート時に必要になるお金のこと。運転資金とも言い換えられます。なかには、「会社をつくるには何千万も必要なのでは？」と思う人もいるかも。でも、実は**資本金は１円からでＯＫ**です。

しかし、会社の資本金は誰でも見えるもので、**会社の信用度**にかかわってきます。資本金１円でどれくらいの信用を得られるかは……ビミョウです。

○資本金を決める際のポイント

「資本金をこのくらいにするのが正解!」ということはありません。「えーじゃあ、どう決めたらいいの?」と言われそうですが、考えるべきポイントは以下の3つだけです。

その1　取引先や融資を受ける際に信用されそうな金額がいくらか考える
その2　税金の優遇措置を受けられる金額にする
その3　「資本金○円以上」で許認可を得られる場合があるので、それをチェックする

自分の手元に現金を残しておいて、会社の運営資金に困ったときに補充する(貸し付ける)という方法もあります。そのため、最初から手持ちのお金をすべてつぎ込んで、資本金にするようなことは考えなくても大丈夫。

私の場合は、預金通帳にある全財産と親からの融資で45万円の資本金にしました。理由は、会社の登記費用などの立ち上げ費用が40万円近くかかりそうだったので、それくらいはカバーできる資本金がいいだろう、と思ったからです。

○誰が払うの？

発起人が支払います。または、**出資者**と呼ばれる新しい会社の方針に賛同して、自分の財産を提供してくれた人たちが払います。出資者は財産を提供する代わりに、会社の株を受け取ります。それが**「株主になる」**ということです。

私の場合は、誰にも気兼ねなくやりたいので、今のところ株主は私一人です。

○どうやって払うの？

以下の3パターンがあります。

その1　現金出資

その2　現物出資（自動車、パソコン、有価証券などの価値のある財産）

その3　現金と現物出資

○どこに払うの？

会社の代表になる人の個人の口座に入金か振り込みをします。（1人で立ち上げる場合

も、入金の履歴が必要です）

※現物出資の場合には、**自分の財産だったものを会社のものにしたことを証明する書類**などが必要になります。詳しくは、日本公証人連合会のホームページを確認しましょう。

07 登記の手続きを知っておこう

○登記ってなーに？

登記とは会社をつくる上で必要になる**最終的な申請**です。この手続きが終わったら、いよいよ会社設立はコンプリート！

登記は公証人役場で定款が認められて、資本金の払い込みが終わったら申請します。

ちなみに、会社を設立するための登記を**「商業登記」**といいます。

図2　登記に必要な書類一式

①登記申請書
②登録免許税納付用台紙
③定款
※必要な場合は、発起人の決定書、発起人議事録も準備
④資本金の払込を証する書面
⑤預金通帳のコピー
※必要な場合は、資本金の額の計上に関する証明書、調査報告書、財産引継書も準備
⑥役員の就任承諾書
⑦印鑑証明書
⑧本人確認証明書
※必要な場合は、OCR申請書またはCD-Rなど
⑨印鑑届出書
⑩印鑑カード交付申請書
※必要な場合は、委任状

○誰がつくるの？

発起人で作成しましょう。

○いくらかかるの？

書類作成費用**1万円以内**です。

○どこで書類をもらえるの？

法務局の窓口か法務局のホームページからダウンロードできます。

○どうやって書くの？

OCR申請用紙による申請、磁気ディスクによる申請、オンライン申請の3種類のパターンがあります。

それぞれの申請の仕方によって注意事項が違うので、法務局のホームページを参考に記入しましょう。また、管轄の法務局窓口で相談するのも一つの手です。

○誰に提出するの？

会社の所在地にある法務局に申請しましょう。

08

株式会社ってどういうこと？

○株式会社ってなーに？

会社には、**株式会社、合同会社、合名会社、合資会社**の4種類があります。でも、「これから事業を大きくしたい！」と思うならば、最初から**株式会社**にしておくといいでしょう。私の場合は「いつかは上場したい」と思って起業したので、迷わず株式会社にしました。

株式会社には3つの特徴があります。

①オーナー（株主）と経営者がいる

株式会社では株主がオーナーになります。株主は、会社に財産を出資しているので大きな権限を持つことになります。

経営者は株主から出資を得て会社を動かす**「運営をする人」**といえるでしょう。

②責任と配当

①のとおり、株主には大きな権限があります。それにともなって、**責任**も生じます。ただし、責任は出資した範囲内とされています（これを**有限責任**といいます）。逆に、株主は会社の営業成績がよければ、**配当**という利益を得られます。

③社会的信用

株式会社には決算の内容などをオープンにしなければいけないといったルールがある

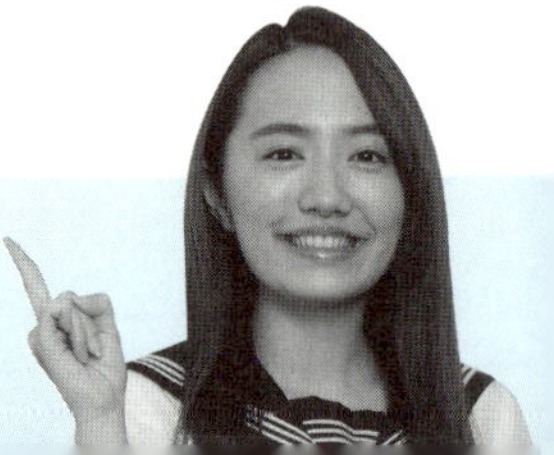

ため、**社会的な信用**が得られやすくなります。

09 社是・社訓や会社のルールを定めよう

○社是・社訓ってなーに?

会社を経営する上で大切にすることを**社是**といいます。「方針」とも言い換えられますね。この会社は**どうやって社会の役に立ちたいのか、どんなモットーを持っているのか**などがこれに当たります。

たとえ一人でつくった会社だとしても、これらのことはホームページやパンフレットに記載する場合が多いので、あらかじめ決めておく方がいいでしょう。会社の信頼度を左右することですので、きちんと考えておくことがオススメです。

株式会社AMFの場合は**「感謝・謙虚・全力」**ですが、社訓は、想像以上に取引先との会話やインタビューなどで話題にのぼることが多いので、自分が大切にしている考えを入れておいてよかったな～と思います。

○会社のルールをつくろう

会社をつくったら、ルールが必要になります。このルールのことを、**「就業規則」**と呼びます。特に、複数人で会社を起こしたり、社員を雇ったりしているならば必須ともいえます。そのため、あらかじめきちんと決めておく必要があるでしょう。

たとえば、営業時間、休業日などの業務形態から、トラブルが起こったらどう対応するかなど。個人情報をどう扱うかなども、書面でルール化しておくと会社が急速に大きくなったとしてもスムーズに対応できます。

10 「やりたいからやる」のその先を考えよう

「自分がやりたいからやる」という思いだけだと長続きしないのも事実。独りよがりでは、経営の根幹となる「儲け」を生み出せないからです。

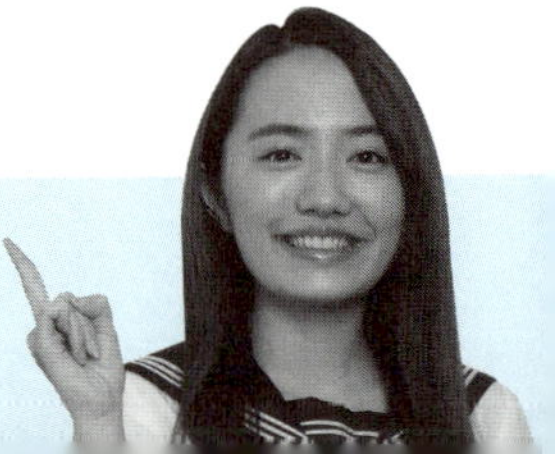

ここで大切なのが、**「顧客満足」**という視点です。お客様が「ほしい」と思っている商品・サービスや、これから「ほしい」と思われるものをつくらないと、「価値がある」と認めてもらえないので、会社は長続きしません。

なかには、「でも、自分で勝手に作ったんだから、ダメだったら潰してしまってもいいじゃん」と思う人もいるかもしれませんね。

しかし、もしもあなたの会社に出資した人がいたとしたら？　少ないかもしれないけれどあなたの会社の商品が気に入っている人がいたら？　あなたの会社が従業員を雇っていたら？　……あなたの会社が倒産してしまったら、会社に関わった人たちみんなが不幸になってしまいますよね。

だから、会社は**「ゴーイング・コンサーン」**と呼ばれる「続けていく」という使命を負っているのです。会社をつくるということは同時に**会社を続けられるような仕組み**を考えるという義務もあるわけです。

11 大資本に負けない会社のブランドを築こう

ブランドというと、ブランド品のバッグや靴を思い浮かべる人も少なくないかも。

なぜ、みんな、あんな高価なものを買うのでしょう？　もっと使いやすくて、同じ形で、断然安いものがたくさんあるのに。それは他と区別できる特徴（ロゴやフォルム）を持っているから、「価値があるものだ」と見られているのです。

実は会社においても、こうした「ブランド」をもつことは大切です。**他の会社との「違い」**にお客様が気づくことによって、企業はブランド化するのです。

たとえば、「全品ハンドメイドで、他社にはないグッズを販売しているオリジナルデザインの会社！」「独自のルートで原材料仕入れているから、絶対マネできない料理が安く食べられる店！」などが「ブランド」となります。

消費者にどんなイメージを持ってもらえるかは、会社の生き残りを大きく左右します。なぜならば、他社と同じような商品やサービスを提供していれば、お客様は価格がやすく、手に入りやすい方を買ってしまうからです。**価格・流通競争になってしまうと、大**

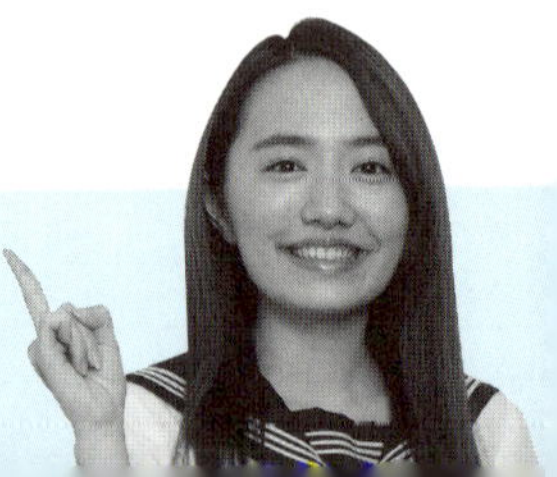

量生産・大量出荷ができる大手の会社の方が有利です。できたばかりの小さな会社がなかなか太刀打《たち》ちできないでしょう。

どう「ブランド化」するか、そしてそれをお客様にどう知ってもらうかが、会社を運営する上で重要なポイントとなっています。

株式会社AMFおよび私自身も、ブランディングに関しては、とてもこだわりがあります。今のところは「女子高生がやっている会社」として、際立つブランディングが自然にできていますが、今後は、これまで3年間の経験を活かして、「AMFならでは」「私ならでは」のブランディングを打ち出していきます！　とてもワクワクしています。

12

アイデアは小さく生んで大きく育てよう

○アイデアを生み出す

商品やサービスを生み出すには、「新たな価値」を生んでいかなければいけません。「そんなことを言われても、どうやって新たな価値をつくっていったらよいかわからない」という人も少なくないかもしれませんね。

ビジネスのアイデアを得るためには、以下のようなことを考えることが大切です。

- **自分の強みを考える**
- **自分が成功しやすいことを考える**
- **自分の強みの周辺のビジネス領域を考えて着想を得る**
- **いままでになかった組み合わせで価値を出せないか考える**
- **必要な資源（人、モノ、金、情報）は何かを考える**

そして、新たに思いついたアイデアは、周囲の人に伝えてみたり、事業計画の形にして具体化したりしてみましょう。そうすることによって、さらにアイデアに磨きがかかるからです。私も、アイデアが思い付いたら、すぐまわりの人に伝えます。鼻で笑われたり、完全否定されたりもしますが（笑）、それはそれで参考になるからです。

○PDCAってどういうこと？

ご存知の方も多いと思いますが、あらためて。

PDCAとは、**PLAN、DO、CHECK、ACTION**の頭文字。計画を立てて（PLAN）、それを実行し（DO）、それが計画どおりに実行できたかを確認し（CHECK）、計画どおりにいかなかった問題点を解決する（ACTION）、そして次の計画（PLAN）につなげるサイクルのことです。

このサイクルを回していくことで、商品やサービスのクオリティが上がっていきます。より顧客満足度が高いものをつくっていくことができるでしょう。そして、それが会社の利益にもつながっていくはずです。私も、小さい頃からPDCAサイクルを回すように言われてきましたが、仕事だけでなく、何にでも役に立つ考え方だと思ってます！

13 ひとりではビジネスはできない

○「Win-Win（ウィンウィン）」を大切に

Win-Winとは**「自分も勝って、相手も勝つ」**という意味。

ビジネスというと、すべてを打ち負かして上り詰めるというイメージがありますが、会社が信頼されるようになるにはそれだけでは難しいです。

立ち上げたばかりの会社は、人材もお金も限られています。そのため、自力でひとつのプロジェクトをしようとするとやれることは限られています。

そのため、さまざまな会社と協力することが欠かせないのです。ただお金を払って依頼するということではなく、お互いにメリットがあることを協同し合うことに価値があります。

ただ、AMFのような弱小ベンチャーが大物のパートナーを組めるかどうかという大切な場面では、まずは**相手が「超ラッキー！」って思ってくれるくらいWinを与えて、**

まずは食らい付き、そこから実力を証明しつつ長期的なＷｉｎ－Ｗｉｎ関係を築いていくのがいいと思っています。

14 組織をつくるってどういうこと？

「組織をつくる」ということは、ただ人数が集まればいいというわけではありません。組織は「チームをつくる」という視点が欠かせません。

チームになるには、各メンバーの**「目的を一緒にする」**ということが重要です。たとえば、バレーボールやサッカーの日本代表チームを思い出してください。みんな「勝ちたい」と思っているはず。目的をひとつにしているから、組織として機能するのです。

そして、「目的を達成しよう」とそれぞれの社員が意欲的になるような仕組みをつくることが大切。さらに、意欲をもった人たちの力を上手にたばねていくところがリーダーの腕の見せどころです！

スポーツチームの監督は、鍛え上げたメンバーをそれぞれの得意分野を生かしてポジションにつけていきますよね。会社も同じです。各社員の良さを感じ取って、適材適所に配置していくことが組織をつくるということなのです。

……と偉そうに書きましたが、これは「言うは易し」で（汗）、私も「ＪＣＪＫ調査隊」という70～80人の組織を束ねたり、インターンの人たちをまとめたりしますが、意思の疎通を図ったり、全員のモチベーションを上げることはとても難しいことだと実感しています。父も「意思疎通やモチベーションに関して問題のない組織なんて存在しない」と言ってますので、経営者にとっては永遠の課題なのかもしれません。

15

上場するってどういうこと？

○上場ってなーに？

会社が株式市場（東証1部・2部、大証1部・2部、ＪＡＳＤＡＱなど）を通じて、株を自由に売買できるようにすることを**「上場」**や**「株式公開」**といいます。

図3　上場のメリット・デメリット

メリット	デメリット
知名度や信用度がアップする	株の価値が上がることで責任が増す
資金や優秀な人材の調達がしやすくなる	経営や財務の状況を公開する義務が生じる
創業者に利益が入る	内部統制を強化する必要が出てくる
従業員のモチベーションが上がる	株主総会・IRの運営費用・負担が大きくなる
経営が安定しやすくなる	社会的責任が増加する

上場を目標に掲げる会社が多いのは、**会社の社会的信頼度**が増したり、**従業員のモチベーション**が上がったり、**株主に利益**が入ったりするからですが、私が上場を目標にするのは、**「伝説になるために必要だから」**です。人や会社によって、いろいろな理由があっていいと思います。

○誰が決めるの？

経営者が上場することを決めて、「本当に上場する資格がある会社かどうか」を**証券会社などでチェック**し、最終的には**証券取引所が承認**します。

○いくらかかるの？

最低2千万円くらいかかります。

○どうやって上場するの？

上場するには審査を受けなければいけません。

- **設立して3年以上経っているかどうか？**
- **どのくらいの売り上げか？**
- **総資産額は？**

など、上場にふさわしい会社か（経営が健全か？　このまま会社が継続していけそうか？　など）をチェックして、合格すれば上場することができます。

16 相談できる専門家や先輩経営者を探そう

自分ひとりで会社をつくったり経営をしたりするのは難しいですよね。そこで知っておきたいのが、**すぐに相談できる専門家が誰か**ということ。困りごとと、誰に聞けばいいかを一覧で紹介します。

でも、やっぱり一番良いのは、気軽に相談できる先輩経営者を見つけること。私の場合は幸運にも父や父のまわりにたくさん経営者がいるので、いろいろなアドバイスを多方面からもらえます。もしまわりにいなければ、勉強会やセミナー、講演会などに参加したりしてつながるのがいいと思います。

そういう機会がなかったり、どうしても見つからない場合には、ここで紹介する専門家や自治体に相談すると良いと思います。

図4　知っておきたい専門家一覧

困りごと	解決してくれる専門家
定款の作成、登記の作成について	司法書士
定款作成、設立後の許認可	行政書士
税務に関する悩み（相続、税の優遇措置についてなど）	税理士
健康保険、厚生年金などの相談、就業規則をつくる際の悩み、社員を雇うときの相談など	社会保険労務士
契約書の作成、揉め事の解決、裁判	弁護士
大規模な会社の監査について	公認会計士
特許、商標登録など	弁理士

［参考文献］『改訂版・経営学のことが面白いほどわかる本』（笠原英一著／KADOKAWA）
「man@bow（まなぼう）」http://manabow.com/stock/

おわりに

私が好きな言葉は
マーガレット・サッチャーのこの言葉です。

多数に追随するな。
自分自身で決断せよ。
そして人々をも納得させ、
リードしていけ。

これからも私は伝説をつくるため、
上場の夢に向かって突き進んでいきます！
そして、**あなたの挑戦も待っています!!**

［著者］
椎木里佳（しいき・りか）
株式会社AMF代表取締役。1997年生まれ。実業家。中学3年生（15歳）で株式会社AMFを創業。「女子高生社長」として知られ、都内の高校に通いながら、全国70名からなる女子中高生マーケティング集団「JCJK調査隊」の企画運営やスマートフォン向けアプリ開発などの事業活動を展開。若者らしい大胆な発想力や情報発信力を評価され、2015年 株式会社TOKYO GIRLS COLLECTION、タグピク株式会社、株式会社MAKEYの顧問就任。TBS系列「サンデー・ジャポン」、日テレ系列「人生が変わる1分間の深イイ話」、NHK「あさイチ」等、メディア露出多数。

椎木隆太（しいき・りゅうた）
株式会社ディー・エル・イー代表取締役。1966年生まれ。慶応義塾大学経済学部卒業。1991年4月ソニー株式会社入社。シンガポール、ベトナム駐在等を経て2001年退社。同年、有限会社パサニア（現株式会社ディー・エル・イー）創業。代表取締役就任。「秘密結社鷹の爪」「パンパカパンツ」等をヒットさせ、2014年3月東証マザーズに上場。2015年6月に「東京ガールズコレクション」を買収し、株式会社TOKYO GIRLS COLLECTION設立。代表取締役就任。

女子高生社長、経営を学ぶ

2016年1月28日　第1刷発行
2016年2月10日　第2刷発行

著　者——椎木里佳／椎木隆太
発行所——ダイヤモンド社
〒150-8409　東京都渋谷区神宮前 6-12-17
http://www.diamond.co.jp/
電話／03·5778·7234（編集）03·5778·7240（販売）

ブックデザイン—小口翔平＋三森健太（tobufune）
DTP・図版—桜井淳、ISSHIKI
写　真——小川孝之
ヘアメイク—上原舞美
製作進行——ダイヤモンド・グラフィック社
印　刷——勇進印刷（本文）・共栄メディア（カバー）
製　本——ブックアート
編集協力——佐藤智
編集担当——竹村俊介

ISBN 978-4-478-06811-3